POETIKDOZENTUR
LITERATUR UND RELIGION
7

POETIKDOZENTUR
LITERATUR UND RELIGION
Band 7

Christian Lehnert

Die weggeworfene Leiter

Gedanken über Religion und Poesie

Mit einer Einleitung von Jan-Heiner Tück
und einem Nachwort von Sebastian Kleinschmidt

FREIBURG · BASEL · WIEN

© Verlag Herder GmbH, Freiburg im Breisgau 2023
Alle Rechte vorbehalten
www.herder.de

Umschlaggestaltung: Verlag Herder
Umschlagmotiv: © Julia August / GettyImages
Satz: Barbara Herrmann, Freiburg
Herstellung: PBtisk a.s., Příbram
Printed in the Czech Republic

ISBN Print 978-3-451-39487-4
ISBN E-Book (PDF) 978-3-451-82973-4

INHALT

Jan-Heiner Tück
Dem Unaussprechlichen auf der Spur
Zu Christian Lehnerts Lyrik 7

Christian Lehnert
POETIKVORLESUNGEN

Die weggeworfene Leiter
Erste Gedanken eines Dichters zu einer religiösen
Sprachlehre 19

Das Kreuz
Vom Verlöschen der Sprache im Herzen des
Christentums 38

Fröhliche Urständ
Gedanken zur Sprache als Schöpfungsgestalt 60

Atem
Sprache an der Grenze zwischen Eigenem und Fremdem 80

Sebastian Kleinschmidt
Ein Wort aus zwei Welten
Religion und Poesie bei Christian Lehnert 99

DEM UNAUSSPRECHLICHEN AUF DER SPUR
Zu Christian Lehnerts Lyrik

> Es gibt allerdings Unaussprechliches.
> Dies *zeigt* sich. Es ist das Mystische.[1]
> *Ludwig Wittgenstein*

I.

Im Sommersemester 2022 ist der Dichter, Essayist und evangelische Theologe Christian Lehnert bei der Wiener Poetikdozentur Literatur und Religion zu Gast gewesen und hat neben einem Zyklus von vier Vorlesungen, die in diesem Band dokumentiert sind, auch ein Seminar gehalten, in dem er Hintergründe seines Schreibens offengelegt hat. Unter dem Titel »Auf der Schwelle« ging es um die Verwandtschaft zwischen poetischer und religiöser Rede. Christian Lehnert ist ein Dichter, der an die Ränder der menschenbewohnten Räume geht, um auf Sätze zu lauschen, die aus dem Schweigen heraufsickern. Das kann sich auf das religiöse Hintergrundrauschen der Natur beziehen, die in seiner Lyrik ein vielfältiges Echo gefunden hat, aber auch auf Transzendenz. Manche seiner Gedichte umkreisen jedenfalls die Anwesenheit des Abwesenden, der gerade, indem nach ihm gefragt wird, nahekommen kann, der gerade, indem er gesucht wird, möglicherweise schon dabei ist, sich finden zu lassen. Es gibt jedenfalls Gedichte, die auf diesen Anderen zuhalten, die das

---

1 Ludwig WITTGENSTEIN, *Tractatus logico-philosophicus*, Frankfurt/M. 1963, 115 (Satz 6. 522).

unbegreifliche Geheimnis[2] umkreisen, tastende Suchbewegungen nach einem ansprechbaren Du. Dem säkularen Literaturbetrieb ist das oft zu viel, während es den Frommen, die erbauliche Gebrauchslyrik erwarten, zu wenig ist. Lehnert aber lässt sich weder durch kulturpolitische Imperative beirren, die religiösen Antennen als Lyriker doch bitte einzufahren, noch will er einfach fromme Bedürfnisse befriedigen. Die Rede vom lieben Gott, die in kirchlichen Milieus geradezu inflationär bemüht wird, ist schal geworden, die Semantik des eingespielten religiösen Vokabulars weithin abgenutzt. Es dürfte ein Qualitätsmerkmal der Dichtung von Christian Lehnert sein, dass sie die üblichen Raster der Klassifizierung sprengt.

II.

In seinen Werken ist die Reserve gegenüber einem identifizierenden Sprechen, welches die Unbegreiflichkeit des Geheimnisses in Begriffen zu fixieren sucht, durchgängig wahrnehmbar.[3] Man kann sich von der flüchtigen Präsenz des Heiligen ergreifen lassen – oder es in Sprachbewegungen anzielen –

---

2 Der theologische Begriff des Geheimnisses ist semantisch genauer zu bestimmen. Es handelt sich weder um ein Rätsel, das durch erweiterte Kenntnisse gelöst werden kann, noch um Geheimnisse, die nicht publik gemacht werden sollen. Mit Kant ist das »heilige Geheimnis der Religion« *(mysterium)* von den »Verborgenheiten *(arcana)* der Natur« und von Praktiken der Geheimhaltung »*(secreta)* der Politik« zu unterscheiden. Vgl. Immanuel KANT, *Religion innerhalb der Grenzen der bloßen Vernunft* (Werkausgabe, hg. von Wilhelm Weischedel, Bd. VIII), Frankfurt/M. ²1978, 805f.
3 Vgl. Christian LEHNERT, »Wer im Angesicht Gottes nicht nach Worten ringt, hat nichts begriffen«, in: Jan-Heiner TÜCK, *Feuerschlag des Himmels. Gespräche im Zwischenraum von Literatur und Religion*, Freiburg i. Br. 2018, 111-130.

begreifen und fixieren aber lässt es sich nicht. In Anlehnung an eine Wendung von Ernst Bloch könnte man sagen: Wir hätten ihn gern, aber wir haben ihn nicht. Er ist anders als alles andere, was es gibt, anders als die Dinge in der Welt, anders als die Pflanzen, Tiere und Menschen, die sich nach Gestalt, Größe, Farbe und Beweglichkeit unterscheiden. Er ist *anders anders* als alles andere. Er unterscheidet sich nicht nach Gestalt, Größe, Farbe oder Beweglichkeit, weil er in den Koordinaten von Raum und Zeit gar nicht vorkommt – und damit auch für die menschliche Rede nicht so fassbar ist wie andere Dinge in der Welt. Damit stellt sich die Frage: Wie von ihm, dem Unfassbaren, reden? Wie von ihm *nicht* reden, wenn man von der flüchtigen Glut seiner Anwesenheit gestreift oder gar – wie Jakob am Furt Jabbok – physisch heimgesucht wurde? Ist er ein Nichts, weil es ihn nicht gibt wie es anderes gibt? Oder ist das Nichts der weite Mantel, hinter dem er sich in seiner Fülle verbirgt?

»Einen Gott, den es gibt, gibt es nicht«, hat Dietrich Bonhoeffer einmal notiert.[4] Im Gedichtband *Cherubinischer Staub* findet sich der Zweizeiler »Es gibt IHn nicht«:

> Es gibt nicht »GOtt«, es spricht ein unentwegtes Geben,
> in dem ER selber wird, in Dasein und Entschweben.[5]

Könnte es sein, dass dieser Andere sich selbst gibt, dass er sich in einer Offenbarungsbewegung dem anderen seiner selbst zu erkennen gibt und uns so in der Geschichte auf geschichtliche Weise nahekommt? Könnte es sein, dass das unbegreifliche Geheimnis sich selbst begreiflich macht – begreiflich machen will? Der Ewige in der Zeit? Im brennenden Dornbusch, der

---

4 Dietrich BONHOEFFER, *Widerstand und Ergebung* (DBW 8), Gütersloh – München ²2006, 514f.
5 Christian LEHNERT, *Cherubinischer Staub*. Gedichte, Berlin 2018, 27.

nicht verbrennt, im namenlosen Namen, der als Immanuel mitwandert, in der Spur des Vorübergangs, die im Entschwinden seine Gegenwart aufleuchten lässt, in der »Stimme verschwebenden Schweigens« oder – wie den Jüngern beim abendlichen Mahl in Emmaus – im Zeichen des gebrochenen Brotes? Bei Christian Lehnert finden sich die Verse:

> *Der Gott, den es nicht gibt, in mir ein dunkler Riß,*
> *ist meiner Seele nah, sooft ich ihn vermiß.*[6]

Die Abwesenheit, die Ferne, die Leere spielen in den Gedichten Lehnerts eine große Rolle. Nicht, dass die Leere fixiert werden sollte. Das wäre negative Dogmatik, die bestimmt sagt, dass hier nichts zu sagen ist – *bestimmt nichts*. Die Leere, das Vermissen, das gespannte Warten auf etwas ist vielmehr der Zustand, der etwas freisetzt. Und sei es nur, dass man genauer hinhört und merkt, dass hier, wie Hamann sagt, »eine Rede an die Kreatur durch die Kreatur«[7] zu vernehmen ist und sich damit so etwas wie eine akustische Transzendenztransparenz ereignet. Der Hauch des Windes, das Flimmern der Gräser, das Rascheln der Blätter, das Flügelflattern eines Schmetterlings, das leise Surren einer Libelle, das Zwitschern einer Amsel, das Seufzen und Schluchzen der Mühsal und Klage oder das Jauchzen und Jubilieren der Freude und Ekstase – eine Sprache, die spricht, ohne etwas zu sagen, die nichts bedeutet – und doch sprechend ist. Für dieses Sprachgeschehen der Schöpfung hat der Lyriker Lehnert eine besondere Antenne.

Es gibt die Suche nach einer Sprache, die von dem, den es nicht gibt, im Modus des Indirekten zu sprechen versucht. Im

---

6 Christian LEHNERT, *Windzüge*. Gedichte, Berlin 2015, 49.
7 Johann Georg HAMANN, *Sokratische Denkwürdigkeiten – Aesthetica in nuce*, hg. von Sven-Aage Jørgensen, Stuttgart 1998, 87: »Rede, daß ich Dich sehe! – Dieser Wunsch wurde durch die Schöpfung erfüllt, die eine Rede an die Kreatur durch die Kreatur ist.«

Dichten und Beten. Direkt wird sie den Unaussprechlichen nicht in Sprache bringen können. Wer das Unbegreifliche in Begriffen fixiert, vergreift sich daran. Schon Augustinus sagt: *Si comprehendis, non est Deus.*[8] Oft gibt es Versuche, den Unbegreiflichen für politische, pädagogische oder spirituelle Interessen in Dienst zu nehmen. Das große Gegenüber wird als *ancilla* missbraucht. Der Funktionalismus ist in der Geschichte von Theologie und Kirche eine chronische Versuchung. Wer aber über das Unverfügbare verfügen will, tastet den heiligen Namen an. Das Gegenmodell wäre, mit Eckhard Nordhofen gesprochen, eine privative Theologie, die dem Geheimnis Raum lässt und das Zugleich von Nähe und Vorenthaltung, von Präsenz und Entzug achtet.[9] »Wir spüren, dass jede Aussage von Gott soviel zeigt, wie sie verbirgt.«[10] Ein solches Sprechen arbeitet mit Alteritätsmarkierungen, mit Paradoxien und Negationen, mit tastenden Wendungen im Konjunktiv, die im Sprechen ein Bewusstsein um die Unaussprechlichkeit des Heiligen mitlaufen lassen.

> Dass jemand eine Geschichte sagen könnte, sich Zeuge
> Nennte, dass Hagel liegenbliebe auf der blanken
> Plane der Erinnerungen,
>
> dass auch dies alles für vorläufig erklärt sei … Am Ende
> meines Weges, am Anfang eines weiteren. Einen Gott
> zu haschen sei ohne
>
> Gewinn; doch Gnade. Einziges,
> was niemandem gehört noch zu Diensten steht.[11]

---

8 Augustinus, *Sermo* 117.3.5 (PL 38,661–671).
9 Eckhard Nordhofen, *Corpora. Die anarchische Kraft des biblischen Monotheismus*, Freiburg i. Br. ³2002.
10 Lehnert, »Wer im Angesicht Gottes nicht nach Worten ringt, hat nichts begriffen« (s. Anm. 3), 125.
11 Christian Lehnert, *Windzüge* (s. Anm. 6), 6.

III.

In der Geschichte der Theologie sind unterschiedliche Verfahren ausgearbeitet worden, um den unbegreiflichen Gott zur Sprache zu bringen, ohne sich an seiner Unbegreiflichkeit zu vergreifen. Schon Heraklit und Xenophanes warnten vor einer Vermenschlichung des Göttlichen und kritisierten die anthropomorphe Rede in den Mythen Homers. Platon radikalisierte den Topos der Unsagbarkeit, indem er das Göttliche ontologisch durch die Formel »jenseits des Seins« *(epekeina tēs ousias)* bestimmte. Gregor von Nazianz schloss daran an, legte aber Wert darauf, dass die Unsagbarkeit Gottes auch zur Sprache kommt – und griff auf das literarische Genus des Hymnus zurück, um mit den Mitteln der Sprache über diese hinauszugehen und das göttliche Mysterium doxologisch zu feiern. Besonders einflussreich wurde ein Theologe, der unter dem Pseudonym Dionysios Areopagita schrieb und den man getrost als Vater der apophatischen Theologie bezeichnen kann. Der Areopagit beschreitet – vereinfacht gesagt – einen Weg von drei Stufen. Den Beginn macht die *via affirmativa*, die Bejahung des Guten, Wahren und Schönen in der Welt, das sich klar sagen und benennen lässt. Dann setzt in einem zweiten Schritt die *via negativa* den Endlichkeitsvorbehalt und macht durch Verneinung klar, dass das endliche Gute, Wahre und Schöne nicht wirklich auf den Unendlichen übertragen werden kann. Um nicht bei der Negation stehen zu bleiben, beschreitet man schließlich die *via eminentiae*, den Weg des übersteigernden Vergleichs, die Feier des Surplus, die mit den Mitteln der Sprache über die Sprache hinaus zu gehen versucht und in das Schweigen einweist. Der mystagogische Fluchtpunkt der Sprachbewegung zielt hier das Geheimnis an, in dem Bewusstsein, dieses nie erreichen zu können.

Dem Unaussprechlichen auf der Spur

Die Lehre von der Analogie, die der hl. Thomas von Aquin in seiner *Summa theologiae* entfaltet, schreibt das Erbe des Areopagiten fort. Wir können nicht wissen, was Gott ist, wir können aber von den Wirkungen darauf schließen, dass er ist. Der Weg geht von den bekannten *effectus* zurück auf die unbekannte *causa*. Neben den Wirkungen aber gibt es auch das Wirken Gottes in der Welt, so dass die unbekannte *causa* nicht ganz unbekannt bleiben muss, da die Wirkungen vom Menschen erkannt und auch mit Namen benannt werden können. Die geschöpflichen Vollkommenheiten – Güte, Gerechtigkeit, Macht etc. – dürfen in gesteigerter Weise auf Gott übertragen werden, so kann der Mensch auf unvollkommene Weise die Vollkommenheit Gottes zur Sprache bringen, aber der Vorbehalt des *Deus semper maior* bleibt.[12] Thomas bewegt sich in der Spur des IV. Laterankonzils, das schon im Jahre 1215 die berühmte Formel geprägt hatte, dass bei jeder noch so großen Ähnlichkeit zwischen Schöpfer und Geschöpf eine noch größere Unähnlichkeit *(maior dissimilitudo)* mitnotiert werden müsse (vgl. DH 806). Man beachte den Komparativ. Er vermeidet den Abschluss des Sprechens in einem Superlativ und produziert keine begrifflichen Idole, die die Alterität des göttlichen Geheimnisses vereinnahmen und antasten. Der Tübinger Theologe Eberhard Jüngel hat in seinem Buch *Gott als Geheimnis der Welt* die Überlegungen zur Analogie aufgenommen und aus offenbarungstheologischen Gründen die Bewegungsrichtung verkehrt.[13] Diese Verkehrung stellt die Analogie geradezu vom Kopf auf die Füße. Bei aller Unähnlichkeit zwischen Schöpfer und Geschöpf

---

12 Vgl. Thomas von Aquin, *Summa theologiae* I, q. 12 und q. 13.
13 Eberhard Jüngel, *Gott als Geheimnis der Welt. Zur Begründung der Theologie des Gekreuzigten im Streit zwischen Theismus und Atheismus*, Tübingen ⁶1992, 307-408.

müsse von einer je größeren Ähnlichkeit *(maior similitudo)* zwischen beiden gesprochen werden. Warum? Weil der Unbekannte sich selbst bekannt gemacht und im Ereignis der Menschwerdung den Menschen nahegekommen sei, ja sich der göttliche Logos als Mensch ausgesprochen habe. Ein »göttlicher Anthropomorphismus«, wenn man so will. Gestattet er nicht die menschliche, ja anthropomorphe Rede von Gott? Und sicher auch die suchende Anrede, die sich tastend auf Gott zubewegt, ohne deshalb in eine kommunikative Kumpanei zu verfallen …

IV.

»Das Gedicht kann«, so schreibt Paul Celan einmal, »da es ja eine Erscheinungsform der Sprache und damit seinem Wesen nach dialogisch ist, eine Flaschenpost sein, aufgegeben in dem – gewiß nicht immer hoffnungsstarken – Glauben, sie könnte irgendwo und irgendwann an Land gespült werden, an Herzland vielleicht. Gedichte sind auch in dieser Weise unterwegs: sie halten auf etwas zu.«[14] Diese dialogische Sprachbewegung, die ein Gespräch von Herz zu Herz anzielt – eine »Cor-respondenz« – ist auch bei Christian Lehnert zu finden. In dem Gedichtband *Windzüge* (2015), der die poetische Pneumatologie des Bandes *Aufkommender Atem* (2011) fortsetzt, findet sich ein Zyklus, der »Brennender Dornbusch« überschrieben ist. Dort vollzieht das vorletzte Gedicht eine Anrufung, eine Adressierung, eine sprachliche Annäherung an ein Du:

---

14 Paul CELAN, *Ansprache anlässlich der Entgegennahme des Literaturpreises der Freien Hansestadt Bremen 1958*, in: DERS., *Gesammelte Werke*, Bd. 3, Frankfurt/M. 1983, 186.

Dem Unaussprechlichen auf der Spur

Du, wie Laub, das dunkler steht, wie Lorbeer,
wie Stamm und Brand und Asche,
wonach die Vögel haschen,

wie langes Ruhen. Wer kann dich erinnern, wer vergessen?
Du zu sagen, ist es nicht vermessen?

Du wie schwelendes Gesträuch am Weg,
wie Staubwind, du wie Schweigen,
dem sich die schnellen Tage neigen,

du erstem nie benannt, wie Laub ...
Ich weiß nicht: Hab ich je an dich geglaubt?
Es war vergebens, denn du pochst in mir,

du schwelst, und was ich auch verlier,
du atmest, brennst an meinem Weg.[15]

V.

In den vier Vorlesungen, die hier unter dem Titel »Die weggeworfene Leiter« dokumentiert werden, schreitet Christian Lehnert einen weiten Bogen ab, der die Verwandtschaft zwischen Gebet und Poesie auf unterschiedlichen Feldern sichtbar macht. Die erste Vorlesung bietet ganz grundsätzlich »erste Gedanken zur theologischen Sprachlehre« und geht der – oft vorsprachlichen, weil juchzenden, lallenden, stammelnden – Rede vom Unaussprechlichen nach. Die zweite Vorlesung wendet sich dem Ereignis auf Golgatha zu und weist mit dem Kreuz auf das Verlöschen der Sprache im Zentrum des Christentums hin. Vor Jahrzehnten hat schon Hans Urs von Balthasar das tödliche Verstummen des göttliche Logos im Schrei nach dem Vater als theologische Provokation bezeichnet:

---

15 Christian LEHNERT (s. Anm. 6), 48.

»Man hat es nie gewagt, […] der Tatsache ins Auge zu sehen, dass jener Logos, in dem alles im Himmel und auf Erden zusammengefasst seine Wahrheit besitzt, selber ins Dunkel, in die Angst, ins Nichtmehrfühlen und -wissen, ins Auswegslose, ins Entgleiten, in die Abwesenheit des alle Wahrheit tragenden Verhältnisses zum Vater gerät, und damit in eine Verborgenheit, die das ganze Gegenteil der Wahrheits-Entbergung des Seins ist. Man müsste dann auch das Schweigen Jesu in der Passion als ein Verstummen, ein Nichtmehraussagen und -antworten des Wortes Gottes verstehen […] Das Ende der Frage ist der große Schrei. Er ist das Wort, das kein Wort mehr ist, das deshalb auch nicht mehr als Wort verstanden und ausgelegt werden kann.«[16] In seiner dritten Vorlesung geht es Christian Lehnert um die Schöpfung als Sprachgeschehen, jene akustische Transzendenztransparenz, die viele seiner Gedichte in Rhythmus und Klang einfangen. Eine vierte und letzte Vorlesung wendet sich unter der Überschrift »Atem« dem Wehen des Geistes zu – der *ruach*, dem *pneuma*, dem *spiritus* – und geht auf die poetische Pneumatologie näher ein, die bereits die Lyrikbände *Aufkommender Atem* und *Windzüge* durchzieht. Von echter Geistesverwandtschaft zeugt schließlich das feinsinnige Geleitwort, das Sebastian Kleinschmidt, der langjährige Chefredakteur der Zeitschrift »Sinn und Form«, dem Wiener Vorlesungszyklus von Christian Lehnert beigegeben hat. Ihm und allen, die bei der Durchführung der Wiener Poetikdozentur geholfen und sich im Seminar produktiv eingebracht haben – besonders Tobias Mayer –, sei dafür ganz herzlich gedankt.

Wien, im Januar 2023   Jan-Heiner Tück

---

16 Hans Urs von Balthasar, *Das Ganze im Fragment. Aspekte der Geschichtstheologie*, Einsiedeln ²1990, 302f.

Christian Lehnert

POETIKVORLESUNGEN

nun bewohnte der Neffe das Haus mit dem Onkelrest, einem aufwendigen Inventar, dem doch tägliche Zuneigung erwiesen wurde.

Sorge bereitete dem Nachbarn, ob der Onkel mit seiner Anverwandlung an die unbelebten Dinge auch das Zeitmaß des Lebens verlassen hätte. Er stellte sich manchmal die absurde Frage, ob er sie vielleicht alle überdauern würde? Immerhin war er inzwischen zweiundneunzig Jahre alt. Vielleicht würde der Onkel irgendwann aufhören zu essen und zu atmen und bliebe doch sitzen und schaute weiter hin und her?

Ich sagte, der Onkel hätte manchmal einen knarrenden Laut gesprochen. Das ist nicht ganz richtig. Einmal bat mich der Nachbar sonntags in der Frühe in seine Wohnung – ein ungewöhnliches, für die alteingesessenen Bauern fast unschickliches Ansinnen. Ich sei doch Theologe, er müsse mir etwas zeigen. Wir warteten auf das Geläut eine halbe Stunde vor Beginn des Gottesdienstes im Dorf. Der Klang der drei Kirchenglocken wehte bei Ostwind klar, bei Westwind sehr leise über den Hang in die Senke hinunter, wo unsere Häuser sich am Bachlauf reihten.

Als die tiefste Glocke zu schlagen begann, flüsterte der Alte vernehmlich: »Vaterrr ...« Seit einigen Wochen würde er das plötzlich tun, erzählte mir der verstörte Nachbar, und er verband das mit unruhigen Fragen: Ist der Onkel vielleicht wacher, als sie immer dachten? Stellte er sich nur stumm aus einem Mangel an Sprechbedürfnis und hörte dafür umso genau hin? Und weiter: War er gläubig? Noch von weit früher aus der Vorkriegszeit her, als er zwei Jahre lang jeden Mittwoch über den Hügel lief zum Konfirmandenunterricht im Pfarrhaus?

Am nächsten Sonntag hockten wir wieder bei dem Onkel, setzten uns neben ihn auf zwei Melkhocker und warteten. Seine Augen liefen hin und her. Er schien uns nicht zu bemerken.

Wir schwiegen. Nach einigen Minuten ertönte die Glocke, sehr deutlich in der Stille zu hören. Aus dem Mund des Onkels drang ein etwas moduliertes Schnarren: »Varrrrrt ...«

War die Wortähnlichkeit nur Einbildung? Wir waren unsicher. Bis zum nächsten Mal mußten wir nur drei Tage warten, dann war Buß- und Bettag. Als die tiefe Glocke über den Hügel hin tönte, war nun sofort deutlich wieder ein »Vatrrrr ...« zu hören.

Spielte er mit uns? War es ein letzter Kommunikationsversuch? Wußte er, was er sagte, wenn er »Vater« flüsterte? Nach Jahrzehnten Schweigen? Könnte sein wirklicher Vater gemeint sein? Der in den letzten Kriegstagen des Ersten Weltkrieges an der Westfront gefallen war, als der Onkel gerade einmal drei Jahre zählte? Oder war es die Metapher, der Gebetsanfang des »Vaterunser«, wie der Nachbar vermutete?

Damit aber hörten die Fragen für mich nicht auf, ich trug sie hinüber in mein einsames Haus bis vor meine Gebetsnische: War er, der nichts sonst mehr sprechen und wohl auch denken konnte, womöglich ein Betender? Einer, der gar nicht mehr wußte, was ein Gebet ist und nur eine Lautfolge aussandte, wohin? Einen Atemzug ins Offene?

Aber wer kann sagen, wo Gott erfahren wird und wo nicht? Ist »Gott« denn, wenn er erfahren wird, an Sprache gebunden? An Zeichen? Seien es Rudimente wie dieses Schnarren? War dieser Mann mit der Metallplatte am Kopf, der alles vergessen hatte, vielleicht einer, der tief in Gott ruhte? Ohne »ihn« und sich mehr zu kennen? Ein Berufener im Herrn? Eins mit dem tiefsten Geheimnis? Bohrend hallte der alle Religionspraxis unterwandernde Satz von Meister Eckart in mir nach: »Der wahrhaft Betende weiß nicht, daß er betet.«

Was hat Glauben zu tun mit dem, was ich sagen kann? Was hat er zu tun mit Sprachkenntnissen, mit Prozessen im

Gehirn, mit Informationsverarbeitung und Nervenzellen? Ist er Denken und Deuten? Oder was sonst?

Da las ich zufällig am Abend im Matthäusevangelium, wie Jesus sagte: »Ich preise dich, Vater, Herr des Himmels und der Erde, daß du dies Weisen und Klugen verborgen hast und hast es Unmündigen offenbart.« Und weiter: »Kommt her zu mir, alle, die ihr mühselig und beladen seid; ich will euch erquicken.« Das heißt doch, mit dem Onkel im Nachbarhaus gedacht: Egal, ob ich verstehe oder nicht, ob ich die Worte exegetisch auslegen kann oder nur als wirren, warmen Sound höre, gar nicht unterschieden vom Windgeräusch am Dach, egal, ob einer nur noch das Wort »Vater ...« flüstern kann, ohne das Wort noch zu kennen, der Unmündigste, noch ohne einen Ausdruck für sich selbst – das wirkliche, das tiefste Lebensgeheimnis ist nicht berührt von dem, was wir verstehen können. Es heißt: »Kommt her zu mir *alle* ...«

2. Numina

Der Onkel war gewissermaßen ein Nullpunkt für mein Nachdenken über die Sprache der Religion. Er berührte eine Grenze, wo der Bezirk der Sprache endet. Aber endet damit der Glaube? Ludwig Wittgenstein hat diesen Nicht-Ort am Ende seines *Tractatus logico-philosophicus* aufgesucht: »Wovon man nicht sprechen kann, darüber muß man schweigen«. Dieses klassische Ansinnen des jungen Sprachphilosophen impliziert einen anderen Bereich, in dem »Unaussprechliches« zu Hause sei, von den Worten, die etwas bedeuten, unberührt. Das Reich des Faktischen und Benennbaren grenze daran, ohne daß es Übergänge gäbe – und so verhält es sich auch mit der »Sprache der Religion«. Dort, wo es um grundstürzende Erfahrungen der Verwandlung, der Tröstung und der unerklärlichen Sinnhaftigkeit geht, jenen Umkehrpunkten, denen Religionsphänomenologen seit William James und zuvor Mystikerinnen und Ekstatiker und Entrückte stammelnd auf der Spur waren, verharrt die Sprache hilflos vor der semantisch leeren Kammer des Allerheiligsten. Ein Topos aller mystischen Erfahrung ist damit benannt: Die Sprache reicht nicht aus, um zu bestimmen, was geschieht, wenn »Gott« geschieht. Oder wieder mit Wittgenstein gesprochen: »Die Lösung des Problems des Lebens merkt man am Verschwinden dieses Problems. (Ist nicht dies der Grund, warum Menschen, denen der Sinn des Lebens nach langen Zweifeln klar wurde, warum diese dann nicht sagen konnten, worin dieser Sinn bestand.)« Denn sobald sich jemand sprechend dem Geheimnis »Gottes« nähern will (und schon das Wort »Gott« erweist sich dabei als schwer handhabbare Krücke), kann man ihm alsbald nachweisen, »daß er gewissen Zeichen in seinen Sätzen keine Bedeutung gegeben hat«, wie Wittgenstein ausführt, und somit alles, was er zu sagen hat, behauptend in der Luft hängt. Er hat die Ebene des Benennbaren verlassen.

Wie komme ich heraus aus dem Widerspruch, der schon mit den Wortbildungen »das Unsagbare« oder »Unaussprechliches« gegeben ist? Nicht zufällig errichten fast alle religiösen Sprachsysteme an dieser Grenze keine begrifflich theologischen Mauern und Wachtürme, sondern verlassen sich auf irreguläre Kräfte, gleichsam auf die Partisanen der himmlischen Welt, und lassen flüchtige Wesen agieren, Numina und Engel, haltlose Traumgeschöpfe, die nie ganz wirklich sind. Denn wer angesichts der Grenze nicht steinern schweigen will oder kann, muß das Verständnis von Sprache selbst neu denken und beweglich machen. Numina personifizieren die Wittgensteinsche Unmöglichkeit, von dem zu sprechen, wovon man nicht sprechen kann. Sie sind selbst »Zeichen«,

»die noch keine Bedeutung haben«. Sie haben – und darum führe ich sie an – dieselbe Daseinsweise wie die Poesie in unserer sprachlich geordneten Welt. Gedichte sind Grenzbewohner und erwachen dort, wo Sinn erst entsteht. Gedichte wollen keine »Aussagen«, die ich also auch anders sagen könnte, möglichst wirkungsvoll in Szene setzen. Nein, sie entstehen erst in dem Ausdruck, nach dem sie suchen. Sie haben noch nicht, was sagen. Sie sind Spuren eines anfänglichen Vermissens, einer Sehnsucht. Wonach? Das kann das Gedicht nur durch sich selbst finden.

So auch die Numina und Engel: Wer von ihnen spricht, fischt im Trüben. Doch wer sie erfährt, hat an ihnen nicht den geringsten Zweifel. Ihre Gestalt ist zwar wechselhaft, aber konkret. Sie werden in äußeren Erscheinungen und doch innerlich erlebt. Flüchtig sind sie, unstet und außerhalb subjektiver Reaktionen spurlos. Waren sie da, dann sind sie unwiederholbar. In Namen nicht identifiziert, sind sie nicht Teil einer Sprache, wie sie Wittgenstein verstand, sind darin »bedeutungslos«. »Tatsachen« aber sind sie doch, sie können klar artikuliert sprechen und führen oftmals ganz bestimmte Nachrichten im Munde. Ja, sie fungieren sogar als Übersetzer und Hermeneuten. Sie künden mitunter lauthals von dem, was wir das »Unaussprechliche« nannten, und ihre Worte scheinen das Gesagte in der Tat nicht zu *bezeichnen*, sondern sinnlich *hervorzubringen*. Ursprüngliche Poesie, könnte man dazu sagen. Oder man konstatiert, wie die Sprache hier der Kontrolle entgleitet, wie sie sich weitet, übersteigt und ihre Regeln und Konventionen verläßt – als schaute sie auf sich selbst als auf eine Begrenzung, wieder mit Wittgenstein gesprochen: »Die Anschauung der Welt sub specie aeternis ist ihre Anschauung als – begrenztes – Ganzes.«

3. Von Zungenrede und Jubel

Wenn ich also über Religion und Poesie nachdenken will und damit jene unbestimmte und immer fliehende Grenze in den Blick nehme, an dem Sprache noch nicht hat, was sie sagt, und sucht – sei es hinein in das Geheimnis Gottes (das bereits per definitionem die Sprache übersteigt) oder in die Fremde der Wirklichkeit –, dann muß ich zunächst, mit dem Onkel des Nachbarn an meiner Seite, Punkte anvisieren, wo Sprache erst in der Bewegung entsteht und sich ihrer eigenen Ordnung und Gestalt noch entzieht. Bezogen auf die religiöse Sprache kehrten dabei in Antike, Mittelalter und früher Neuzeit in Europa zwei Phänomene in auffälliger Beständigkeit immer wieder: Zungenlallen und ekstatischer Jubel.

So hören sie sich an, die poetischen Gravitationswellen, wenn zwei Sternensysteme, Sagbares und Unsagbares, ineinanderfallen: »Erhöre mich mein Vater, Du Vater aller Vaterschaft, Du unendliches Licht: aeēiouō iaō aōi ōia psynōther thernōps vōpsiter pagourē itagourē nethmomaōth nepsiōmaōth marachachtha thōbarrabau tharnachachan zorokothora ieou sabaōth ...« Dieses Gebet legt das vierte Buch der gnostischen Schrift *Pistis sophia* Jesus in den Mund, und es läßt sich schnell einordnen unter der Überschrift »Glossolalie«, das heißt: Sätze ohne Bedeutung, Worte ohne entschlüsselbaren Sinn. Der Begriff hilft ordnen, er sichert uns ab. In solchen Lautgestalten aber dringt für den Gnostiker Unsagbares ins Sagen ein. Wort und Sache, Signifikat und Signifikant, Meinen und Verstehen implodieren zum reinen Augenblick voraussetzungslosen Sprechens. Nachsprechen, Hervorsprechen, Aussprechen – so strömte der Gott ins Gebet. Worte zerfielen, und Silben entglitten dem Menschen. Es brummte, es murmelte, summte, pfiff und sang – in der Sinnlosigkeit der Silben als Sinnfülle. Zungenrede, das sprachanalytische Chaos, der Ausweis offensichtlichen Unfugs, war überall dort zu hören, wo im Kult dem Unsagbaren gelauscht wurde. Sie floß in poetischer Unruhe über die Jahrhunderte aus in die Metaphern der Theologie und in liturgische Dichtung, in die Sehnsucht der Romantiker nach einer Ursprache wie in die dadaistischen Lautgedichte Hugo Balls. Sie machte an den unterschiedlichsten Stellen unerwartet die vertraute Sprache porös und ermöglichte somit, daß an Rissen etwas einsickerte, was vor der Sprache lag und nicht vollständig Sprache werden konnte, wollte es nicht seine eigene Semantik negieren, die eben in einer Negation bestand, die sich zugleich immer wieder als enorm kreativ erwies. Zungenrede ist ein unmögliches Unterfangen: »Wovon man nicht sprechen kann, darüber muß man schweigen.« Anders, und wieder mit Wittgenstein gesagt: Einer steigt auf über die Sprossen dessen, was er spricht, um über die Sätze hinauszukommen in andere Bereiche der Erkenntnis. Mit Wittgenstein gesprochen: »Meine Sätze erläutern dadurch, daß sie der, welcher mich versteht, am Ende als unsinnig erkennt, wenn er durch sie – auf ihnen – über sie hinausgestiegen ist. (Er muß sozusagen die Leiter wegwerfen, nachdem er auf ihr hinaufgestiegen ist.)«

Da oben nun ertönt, folgt man den Zeugnissen mittelalterlicher Entrückungen, ohrenbetäubender oder bedrohlich schöner »Jubel« – dies ist das zweite Grundwort, wenn es um Religion und Poesie geht.

Das lateinische Verb *jubilare* hat eine Doppelbedeutung: Schreien und Singen. *Jubilat milvus,* heißt es einerseits: Der Milan schreit. *Jubilus* ist aber auch aller Gesang ohne Worte, Gesumm und Triller und Verzierungen von Tönen. Luther übersetzte *jubilare* mit »jauchzen«, und er holte damit die ganze Wortfülle ins Deutsche.

Wortloses Jubilieren, in »juchzenden«, lallenden Silben und Lauten konnte in der frühen Kirche als vornehmster

Weg gelten, »Gott« auszudrücken: »Was heißt: in Jubilation singen? Einsehen, daß man mit Worten nicht ausdrücken kann, was man im Herzen singt ... Der Jubilus ist ein Klang, der bezeichnet, daß das Herz überfließt von dem, was man nicht sagen kann. Und wem geziemt diese Jubilation, wenn nicht dem unaussprechlichen Gott? Unaussprechlich ist der, den man nicht sagen kann: und wenn man ihn nicht sagen kann und nicht schweigen darf, was bleibt dann anders, als das man jubelt?« Das schreibt, als hätte er Wittgenstein gelesen, Augustinus.

Das Jubilieren war im Mittelalter vor allem verbunden mit der kunstvollen Ausgestaltung der Halleluja-Gesänge. Halleluja, als alter hebräischer Gebetsvers, bedeutet: Preist Gott! In der lateinischen Liturgie trat er als Gesangsruf vor die Lesung aus den Evangelien. Man konzentrierte sich in seiner musikalischen Formung in der mittelalterlichen Messe mehr und mehr allein auf die letzte Silbe: das lange, offene *A*. Erster Buchstabe im Alphabet und Laut des Staunens, ungehaltener Atem aus dem Mund, tiefes Verströmen. Darauf wuchs die wortlose Melismatik des gregorianischen Gesanges wie eine üppige rankende Pflanze auf. Die Liturgie verläßt hier den Raum des Verstehens und fließt ins Offene. Im Halleluja singen die Gottestrunkenen, die Gläubigen und Mystiker zusammen mit den unsichtbaren Mächten – sie singen nicht mehr, sind nur noch Atem, gesenkt in den Hauch eines unerklärlichen Windes. Solcher Gesang, von keinem Subjekt hervorgebracht, teilt nichts mit und drückt nichts aus. Wie im Schrei, im Stöhnen dringt eine namenlose Welt in die Sprache. In der gemeinsamen Schwingung, nicht im bedeutungsgebundenen Ausdruck, wird der Mensch Teil eines Klanges als reiner, fremder Ton seiner selbst.

Nicht selbst zu singen oder zu sprechen, sondern darin gesungen und gesprochen zu *werden*, ist eine Erfahrung, die wohl jeden religiösen Kult prägt. So heißt es in den Upanischaden: »Was Sprache nicht benennen kann / Doch was das Sprechen sprechen läßt / Nur das, so wisse, ist der Urgrund / Nicht das, dem man hier huldigt.« Und weiter noch: »Was der Atem nicht atmen kann / Wovon der Atem geatmet wird / Nur das, so wisse, ist der Urgrund / Nicht das, dem man hier huldigt.«

Oh – so klingt im Griechischen ein Satz. Übersetzt lautet er: »Ich bin.« Ō – mit dem A ein zweiter Laut des Staunens. Ō – ich bin. Oder ist das ein Naturklang? Ein Geräusch, das aus Vorzeiten in der strukturierten Sprache überdauerte? »Ich bin« – und ich lausche dem Ton nach, mit offenem Mund, bis er verklingt?

4. Was ist Theologie?

Von Zungenrede und Jubel her tritt eine tiefe Verwandtschaft zwischen religiöser Sprache und Poesie ins Licht. Der erste große Schriftprophet des Alten Testamentes Jesaja hörte bei seiner Berufung im Jahr 740 vor Christus einen solch bizarren Klang in einer jenseitigen Kultfeier, daß kein Verb in seiner Sprache die Wahrnehmung annähernd zu beschreiben vermochte, und so gingen dem Erzähler die Einfälle durcheinander: es schrie, es grollte, brannte und schwelte, und darin »sprach« es, die »Stimmen« von Wesen, Seraphim, mit denen man keine vernehmlichen Laute mehr zu assoziieren vermag. »Und einer rief zum anderen und sprach: Heilig, heilig, heilig ist der Herr Zebaoth, alle Lande sind seiner Ehre voll! / Und die Schwellen bebten von der Stimme ihres Rufens, und das Haus ward voll Rauch.« (Jesaja 6,3–4)

Die Lateiner hätten dazu mit einem griechischen Lehnwort gesagt: Jesaja lauschte einer *theologia*. Das Wort bezeichnete im Griechischen ursprünglich zweierlei: das Nachdenken über die höchsten Prinzipien des Seins, also die Krone der begrifflichen Philosophie im plantonischen Sinn, kurz: das Reden von Gott. Zweitens sprach das Wort das Geschehen des Logos selbst aus, das Gottes-Reden, das sich artikuliert. In der *theologia* wird das Unaussprechliche zu Rede und Gesang, Bild und Gestus, und wer sich dem aussetzt, wird, wie Jesaja, über sich hinausgeführt in eine radikale Fremde; er äußert sich anders, als er kann und darf, und doch wird dies zum ureigensten Ausdruck seines Lebens.

So wurde das Wort Theologie auch immer in der Mystik verstanden: als Denkart einerseits und anderseits als sprachlicher Ausdruck eines Erlebens, und dies meinte ein Verlöschen des Eigenen, ein Veratmen, eine Lauthaftigkeit Gottes in der Verwirrung. Der »Theologe« verliert sich in seinem »Gegenüber« und steht, ein »Gegenstand«, und es singt und spricht, und er weiß nicht mehr, ob er sich selbst ausdrückt oder die Gottheit.

So gesehen ist Theologie immer auch Poesie. Sie betritt jenen Raum, wo die Sprache, nicht allein in dem, was sie sagt, sondern in dem, wohin sie in Bewegung ist und was sie treibt, sich selbst übersteigt und neue Aussageräume und damit »neues Sein« erschließt. Ein Gedicht folgt in aller Regel nicht den alltäglichen Sprachmustern. Es ist mehr, als Aussageabsichten vorgeben. Das Geheimnis der Sprache selbst kommt in ihm zum Ausdruck. Ein Gedicht weiß mehr als sein Autor. Es erforscht das Ungesagte. Es ist vielschichtig und oft dunkel. Es erschließt sich nicht durch die Frage: Was wollte uns der Dichter damit sagen? Ein Gedicht öffnet sich dem Verstehen wie ein Raum, den ich betrete, und die poetischen Bilder verschwimmen mit dem eigenen Erleben, so daß ich als Leser meine eigene Stimme darin zu hören meine. Vor allem: »die wesenhafte Neuheit des dichterischen

Bildes enthält als Problem das schöpferische Vermögen des redenden Seins«, so Gaston Bachlard in seinem Essay »Poetik des Raumes«. Und weiter: »Hier heißt es gegenwärtig sein, in der Gegenwart des Bildes, in der Minute des Bildes: wenn es eine Philosophie der Poesie gibt, dann muß diese Philosophie entstehen und wieder entstehen aus der Gelegenheit eines dominierenden Verses, aus der totalen Hingabe an ein isoliertes Bild, im genausten Sinne aus der Ekstase der Bildneuheit.« Das poetische Bild im Gedicht setzt seine eigene Wirklichkeit in der Sprache. Es läßt etwas sichtbar werden, was vorher nicht da war. Es wird wahr durch sich selbst. Wie die große dänische Lyrikerin Inger Christensen schreibt: »Vielleicht kann die Poesie gar keine Wahrheiten sagen; aber sie kann wahr sein, weil die Wirklichkeit, die mit den Worten folgt, wahr ist. Diese geheimnisvolle Gefolgschaft zwischen Sprache und Wirklichkeit ist die Erkenntnisweise der Poesie.« Das alles hat überraschende Ähnlichkeiten zu dem, was man »Glauben« nannte und nennen kann und was eben auch nicht eindeutig oder zweckrational, nicht verfügbar, aber doch zu erfahren ist im Augenblick der »Ekstase« einer »Bildneuheit« Gottes – und der Glaube sagt auch »keine Wahrheiten« davon, weil sein Wesen nicht im Besitz von vermeintlichen Wahrheiten besteht. Sondern in der Frage, in der Sehnsucht nach dem unsagbaren Gott und in der Unabgeschlossenheit (der einzigen Form, in der Gott für uns »wahr werden« kann), hat er seine lebensbestimmende Kraft.

5. Martys

»In der geheimnisvollen Gefolgschaft zwischen Sprache und Wirklichkeit« als »der Erkenntnisweise der Poesie«, wie es Inger Christensen sagt, liegt eine Beziehung zur religiösen

Sprache offen, die tiefer greift als alle technischen Fragen nach Metaphern und Bildlichkeit und Sprachschönheit in Gebeten und liturgischen Texten. Das Verständnis von Poesie an sich ist berührt. Deren »Wahrheit« liegt eben nicht in dem, was sie sagt, sondern in dem, was sie ist. Poesie spricht nicht aus der Distanz von einem Gegenstand, sondern verwirklicht diesen durch ihre suchende und offene Existenz. Unmittelbar ist in einem Gedicht ein lyrisches Ich gegeben, das im Text geboren und wirklich ist. Der Leser wiederum betritt den Raum der Dichtung nicht in der Erwartung bestimmte Informationen und Aussagen zu empfangen (mit einer solchen Erwartung wäre er immer enttäuscht), sondern in der Bereitschaft, berührt und in neue Erfahrungsräume geführt zu werden, sich selbst in der Dichtung wiederzufinden mit seinen eigenen existentiellen Fragen und seiner Sehnsucht und seiner Neugier. Er betritt das Gedicht, lebt für einen Augenblick in ihm, ohne dabei sagen zu können, was die fremde und was die eigene Stimme seien – oder er versteht nichts. Das Ereignis des Gedichtes erschließt sich nicht in der kritischen Distanz, sondern sein Suchen nach dem, was es sagen soll, läßt sich nur erfahren, wenn man selbst ins Suchen gerät. Schreiben und Lesen von Poesie sind zwei Seiten desselben kreativen Tuns.

Verwandtes läßt sich von den Sprechakten religiöser Rede sagen: Auch ihre Wirklichkeit besteht »in einer geheimnisvollen Gefolgschaft« der Sprache. So kann auch sie im Grunde »keine Wahrheiten sagen; aber sie kann wahr sein.« Glaube wird gesagt, indem er gelebt wird. (Das bedeutet nicht – um einem Mißverständnis vorzubeugen – , daß dies nicht wiederum sprachlich abgebildet und reflektiert werden kann, aber damit verlassen wir die schöpferische Frühe der Poesie und betreten den kritischen Sekundärdiskurs.) Glaube läßt sich nicht auf ein System von Aussagen reduzieren, sondern gründet immer in einem lebendigen Vollzug, in einem offenen Horizont, der sich in demjenigen verwirklicht, der spricht.

Vielfach ist bemerkt worden, wie sich die Konzepte von Autorenschaft und Zeugenschaft in Dichtung und Religion überlagern. Hören wir einen, der dies in seinem Leben und Schreiben in erschreckender Weise erfuhr und abbildete:

»Der Dichter lag im Sterben. Die großen, vom Hunger angeschwollenen Hände mit den weißen blutleeren Fingern und den schmutzigen, röhrenförmig ausgewachsenen Fingernägeln lagen auf der Brust, ohne sich vor der Kälte zu schützen. Früher hatte er sie unter den Achseln verborgen, am nackten Körper, aber jetzt war dort zu wenig Wärme. […] Der Dichter lag so lange im Sterben, daß er nicht mehr wußte, daß er starb. Manchmal kam und bahnte sich schmerzhaft und fast spürbar ein einfacher und starker Gedanke einen Weg durchs Hirn – man habe ihm Brot gestohlen, das er unter den Kopf gelegt hatte. Und das war so versengend schrecklich, daß er bereit war zu streiten, zu fluchen, sich zu prügeln, zu suchen, zu beweisen. Doch dafür fehlten ihm die Kräfte, und der Gedanke an das Brot wurde schwächer ... Und sofort dachte er an anderes, daran, daß man hatte übers Meer fahren sollen, und der Dampfer hatte aus irgendeinem Grund Verspätung, und es ist gut, daß er hier ist. Und ebenso leicht und diffus begann er, sich den großen Leberfleck auf dem Gesicht des Barackendiensts vorzustellen.«

Warlam Schalamow – der einzige, der es vielleicht konnte – beschrieb in seiner Erzählung »Cherry Brandy«, wie Ossip Mandelstamm 1938 in einem Durchgangslager in Wladiwostok vor Hunger starb. Solch ein Tod an Ernährungsdystropie hatte eine Eigenart, die Schalamow kannte aus der Zeit, als er selbst im Lager zu einem der »lebendig Toten«, einem skelettdürren, dösenden *dochodjaga*, geworden war: Das Leben kehrt mehrmals zurück und schwindet wieder, über einige Tage. Man weiß nie genau: Ist der Verhungernde schon tot oder noch nicht?

Dies ist der Auftritt eines Zeugen – in dessen unwiderleglichem Ethos und dessen unzuverlässiger Brüchigkeit. Denn es ist ein heikles Unterfangen den Tod eines anderen zu beschreiben. Der Autor bezeugt ja ein Geschehen, für das es keine Zeugen geben kann. Warlam Schalamow versteht sich als Autor, dem die Menschlichkeit ausgetrieben wurde – in jeder Hinsicht. Er ist unbarmherziger nach-menschlicher Zeuge der Verrohung und der erschreckend beiläufigen Negation allen Glaubens und Denkens in den kommunistischen Lagern in der Kolyma-Region. Er betritt einen Grat, als Zeuge: Es war »seine Pflicht«, wie er in einem Interview sagte, von Mandelstamm und von den Lagern zu schreiben.

Was ist ein »Zeuge«? Ein *martys*, wie ihn die Griechen nannten? In der christlichen Sprachwelt ist die Zeugenschaft, die *martyria*, früh verbunden mit dem Blutzoll des Märtyrers, der im Bekenntnis seines Glaubens in der Arena oder in Folterkellern stirbt. Der *martys* hatte aus seinem Gedächtnis Kenntnis von einer Tatsache. Was er zu sagen hatte, war in ihm, war er-innert. Die *martyria* hatte ihren ursprünglichen semantischen Lebensraum in der griechischen Rechtssprache: Jemand stand für eine Behauptung ein. Er wurde zum Beweismittel, indem man ihm glaubte, was er sagte. So konnte jemand auch einen Vertrag bezeugen, indem er beiwohnte und zuschaute, wie er geschlossen wurde, ohne selbst beteiligt zu sein. Aber indem er bezeugte, veränderte sich seine Stellung: Nun stand er selbst als Erinnerungssubstrat für den vergangenen Rechtsakt ein. Das griechische Wort weitete sich auf eine Bezeugung aller möglicher Ansichten und Wahrheiten – und dort verlor der *martys* seine unbestritten anerkannte empirische Wirklichkeitsgrundlage, nicht aber seine Stellung als Erinnerer. Der Zeuge, *martys*, konnte Bürge von Vorstellungen aller Art werden, die sich auch gar nicht mehr dem allgemeinen Konsens über die Wirklichkeit unterwerfen mußten. Er konnte ganz persönliche Urteile und Werte bezeugen – und das vor allem, indem er sie lebte, sie verkörperte. Der Zeuge war mehr als lebendiger Datenträger, er war leibliche Gestalt einer Erinnerung.

»Das Leben trat selbständig ein als unumschränkte Herrin: er hatte es nicht gerufen, und dennoch trat es in seinen Körper, in sein Hirn, trat ein wie ein Vers, wie Inspiration. Und die Bedeutung dieses Wortes eröffnete sich ihm zum ersten Mal in aller Fülle. Die Verse waren jene lebensspendende Kraft, in der er lebte. Eben so war es. Nicht um der Verse willen lebte er, er lebte aus den Versen.

Jetzt war so anschaulich, so fühlbar klar, daß die Inspiration das Leben war; vor dem Tod war es ihm gegeben zu erfahren, daß das Leben Inspiration war, eben Inspiration.

Und er freute sich, daß es ihm gegeben war, diese letzte Wahrheit zu erfahren.

Alles, die ganze Welt war den Gedichten gleichgestellt: die Arbeit, das Pferdegetrappel, das Haus, der Vogel, der Fels, die Liebe – das ganze Leben ging leicht in die Verse ein und fand dort bequem Platz. Und das mußte auch so sein, denn die Verse waren das Wort.«

Woher weiß der Zeuge Schalamow diese »letzte Wahrheit« eines anderen? Er weiß sie nicht, und er weiß sie doch. Was er in die Waagschale zu werfen hat, ist das eigene Leben. Der Inspirierte hat erfahren, daß Leben und Vers, das Dasein und Wort, in eins fallen. Der Überlebende Schalamow kann glaubhaft so sprechen, weil auch er mit dem Einsatz seines eigenen zufälligen Überlebens schreibt. Jeder andere würde lächerlich erscheinen mit dieser Erzählung. Nicht Schalamow: Was er sagt, hat Gewicht. Fast das Gewicht eines

Toten. So bezeugt auch der religiöse *martys* das Unsagbare durch sein eigenes Lieben, Leiden und Verlöschen. In ihm wird wahr, was gewesen ist und was gilt. »Nicht um der Verse willen lebte er, er lebte aus den Versen«, so sagt der Dichter. Der *martys* sagt: »Nicht um Christi willen lebte er, er lebte in Christus.« Er war als *martys* Christus.

»Er biß das Brot mit den Skorbutzähnen, das Zahnfleisch blutete, die Zähne wackelten, doch er spürte keinen Schmerz. Mit aller Kraft preßte er das Brot an den Mund, stopfte es sich in den Mund, lutschte es, riß und nagte ...

Seine Nachbarn hielten ihn zurück.

›Iß nicht alles auf, laß es für später, später ...‹

Und der Dichter verstand. Er öffnete die Augen weit, ohne das blutige Brot aus den schmutzigen, bläulichen Fingern zu lassen.

›Wann später?‹, sprach er deutlich und klar. Und schloß die Augen.«

Der Autor Warlam Schalamow wird in diesen Sätzen durchlässig, wird *martys*, wird völlig transparent und im gleichen Atemzug völlig glaubwürdig er selbst. Solcherart ist religiöse Rede als poetische Rede: Sie bezeugt durch sich selbst die Wahrheit des Gesagten. Sie ist poetisch, indem sie ursprünglich hervorbringt und ihre Wahrheit in dem Augenblick findet, wo sie geschieht. Noch die Wiederholung jahrhundertealter Texte der Tradition etwa im Gottesdienst ist stets ein gegenwärtiges Geschehen – oder sie führt bloßes Archivmaterial vor. Die »geheimnisvolle Gefolgschaft von Sprache und Wirklichkeit« ist an ein Sprechen gebunden, in dem die Sprache selbst und das Dasein des Sprechenden auf dem Spiel stehen. Sie werden transparent für ihren Grund. Es geht um nichts Geringeres als um das Leben.

Oder mit den Worten des australischen Lyrikers Les Murray: »Man kann eine Lüge nicht beten, hat Huckleberry Finn

Die weggeworfene Leiter

gesagt; / man kann sie auch nicht dichten. Es ist derselbe Spiegel: / beweglich, aufblitzend nennen wir es Dichtung, // um eine Mitte verankert nennen wir es eine Religion, / und Gott ist die Dichtung, die in jeder Religion gefangen wird, / gefangen, nicht eingesperrt. Gefangen wie in einem Spiegel, // den er anzog, da er in der Welt ist, wie die Poesie / im Gedicht ist, ein Gesetz gegen jeden Abschluß.«

Literatur

Ludwig WITTGENSTEIN, *Tractatus logico-philosophicus*, Suhrkamp Verlag, Frankfurt/M. 2003, S.110 und 111.

Codex Askewianus, Edgar Hennecke, Neutestamentliche Apokryphen in deutscher Übersetzung, herausgegeben von Wilhelm Schneemelcher, I. Band, Evangelien, Evangelische Verlagsanstalt, Berlin, 1961, S. 182.

Reinhold HAMMERSTEIN, *Die Musik der Engel.* Untersuchungen zur Musikanschauung des Mittelalters, Francke Verlag, Bern, 1990, S. 40f.

Upanischaden, Arkanum des Veda, aus dem Sanskrit übersetzt und herausgegeben von Walter Slaje, Verlag der Weltreligionen, Frankfurt/M. 2009, S. 348f.

Gaston BACHELARD, *Poetik des Raums*, aus dem Französischen von Kurt Leonhard, Fischer Verlag, Frankfurt/M. 2014, S. 7 und S. 15.

Inger CHRISTENSEN, *Der Geheimniszustand und Gedicht vom Tod*, Carl Hanser Verlag, München, 1999, S. 50.

Warlam SCHALAMOW, *Durch den Schnee, Erzählungen aus Kolyma*, Band I, aus dem Russischen von Gabriele Leupold, herausgegeben von Franziska Thun-Hohenstein, Matthes & Seitz Verlagsgesellschaft, Berlin, 2016, S. 94ff.

Les MURRAY, *Ein ganz gewöhnlicher Regebogen*, Gedichte, aus dem Englischen von Margitt Lehbert, Carl Hander Verlag, München, 1996, S. 82.

DAS KREUZ
Vom Verlöschen der Sprache im Herzen des Christentums

Über das Kreuz und vom Verlöschen der Sprache im Herzen des Christentums will ich heute zu Ihnen sprechen, und ich habe einen anderen Weg gewählt, als den der reinen Gedankenrede. Es ist ja auch schwer möglich, die Grenzen der Sprache in Sätze zu holen, ohne diese selbst auszuhöhlen und damit den Ast abzusägen, auf dem ich sitze. So will ich meine Gedanken heute aus der Dichtung selbst herausarbeiten, und Ihnen ein Gedicht lesend und vorsichtig und assoziativ kommentierend vorstellen. Es ist ein Langedicht mit den Titel *passio*. Es hat fünf Teile und einen kleinen Nachsatz, und es ist mir aus mehreren Gründen in meinem Nachdenken darüber, wie ich über das Kreuz zu Ihnen sprechen soll, in den Vordergrund gerückt. Das Gedicht schrieb ich ursprünglich vor achtzehn Jahren, überarbeite es aber vor zwei Jahren gründlich, als es von Steffen Schleiermacher zu einer abendfüllenden Passionsmusik komponiert wurde. Der Text betritt bewußt den brüchigen Boden eines Ausdrucks, der an seinem Ausdrucksvermögen versagt. Er tut es, indem er in seinem Inneren immer wieder Risse und Brüche feststellt, die sich nicht diskursiv überbrücken lassen und in denen Unruhe und Verstörung gären. Das Gedicht bewegt sich auf unterschiedlichen Sprachebenen, collagiert streckenweise, und so hört es sich manchmal kurz wie eine Fernsehberichterstattung oder eine Dokumentation an, dann erstarrt es und klingt wie eine Bildbeschreibung, dann wie eine Traumerzählung, dann überschlagen sich die Bilder, werden wirr und tief, und immer wieder verliert das sprechende Ich den Halt und

Das Kreuz

wird mitgerissen von einer Strömung, einem Versstrudel nach
Golgatha.

passio I

Der Fels liegt in harter Strahlung
außerhalb der bewohnten Zone. Das Gedächtnis versagt.
Er sieht einen Tempel, der im Zucken der Lider verschwindet,
in den Gassen hallen Schritte wider, die er nie gegangen ist,
er versucht den Kopf zu drehen, den die Last
des Balkens auf den Brustkorb preßt ...
Der Lymphe Kreislauf
wiederholt sich im hungrigen Irren der Krähen.
Der Marsch in den Schlagadern aber führt
auf ein Ende hin. Am Fluchtpunkt: der Fels,
weder sichtbar, noch unsichtbar,
weder gewesen, noch gegenwärtig. Der geschundene Kopf,
der geöffnete Kopf
lässt das Vergessen einsickern. Die Innenlandschaft
liegt bloß: immer wieder Ascheschichten
der Stadt über der Stadt, ein vermummter Toter,
die rätselhaften Momente seiner Anwesenheit.
Die Schrift bricht herein wie ein Beil.
Die Schrift ist das Auge,
mit dem das, was er sieht, erst entziffert werden muss,
trübes Glas:
Er ist blind und rennt gegen blanke Schilde.
Wortfetzen, Splitter fahren ins Zahnfleisch. Taube Striemen,
er wird beschriftet:
... das Schweißtuch, die Tränen, die Geflohenen ...
Nur durch die Sprache
wird die Sprache überwunden, das Tageslicht
arbeitet sich wie ein Schrift-, ein Hinrichtungszug

bis hierher vor,
in die Mittagshitze: Golgatha.

Nur durch die Sprache / wird die Sprache überwunden ... Wie aber läßt sich sprechen von einer Sprache, welche die Sprache überwindet? Und in welcher Sprache kann ich das tun? Man kann diese sprechende Transzendierung der Sprache in der Poesie wie in der Bibel erkennen. Beide haben zu tun mit den Momenten, wo die Sprache als Gefäß nicht mehr taugt, aber auch nicht geschwiegen werden kann. So muß die Sprache beweglich werden, lebendig, suchend.

Wenn ich mich an den Schreibtisch setze, weil ein Text dabei ist zu entstehen, dann sind keine Worte da, sondern eher eine merkwürdige Leere und Offenheit. Das anhebende Gedicht birgt etwas, was es noch nicht gibt, und was nur durch und in ihm selbst erscheinen kann. Im Anfang ist das Vermissen, ein Fehlen als das Dämmern einer kommenden Gestalt. Ein Gedicht, wenn es dann nach vielen Schreibgängen als fertig abgelegt wird, öffnet sich allseits, ist durchlässig wie eine Zellhaut, und seine Daseinsform ist bleibend eine Bewegung. Literarische Texte finden zu sich selbst in einem suchenden Sprechen, tasten sich hinein in die Fremde der Wirklichkeit, und diese Fremde wird Sprache in ihnen und führt die Leser in eine Befremdung, in eine innere Bewegung und eine Offenheit, die nach ihren eigenen Erfahrungen fragt. Ich denke, daß genau diese Unabgeschlossenheit und Porosität, das ursprüngliche Fehlen der Worte, die Poesie mit religiöser Sprache verbindet.

Aber schauen wir genauer hin. Ein Zeuge der Kreuzigung, der keiner war, weil er Jesus nie begegnete, war Paulus. Er schreibt seine Briefe, und ... *die Schrift ist das Auge, / mit dem das, was er sieht, / erst entziffert werden muss, / trübes Glas.* Paulus hat keine Sprache, und ringt darum in seinen Briefen, die voller Neologismen, Metaphern und Sprechversuchen sind, die oftmals im Stammeln versacken.

Er schreibt im ersten Korintherbrief: »Denn das Wort vom Kreuz ist eine Torheit denen, die verloren werden; uns aber, die wir selig werden, ist's eine Gotteskraft. / Denn es steht geschrieben: ›Ich will zunichte machen die Weisheit der Weisen, und den Verstand der Verständigen will ich verwerfen.‹ / Wo sind die Klugen? Wo sind die Schriftgelehrten? Wo sind die Weisen dieser Welt?«

Paulus schreibt nicht vom »Kreuz«. Er schreibt vom »Wort vom Kreuz«. Was ist das »Wort vom Kreuz«? Wenn es sich dabei um Sprache handelt, dann um keine in einem vertrauten Sinn. Sie hätte vielleicht Ähnlichkeit mit einem Gedicht, so wie es vielfach in der Moderne und vor allem nach den geschichtlichen Beben des 20. Jahrhunderts verstanden wurde: als notwendig unzusammenhängendes Stottern, als Lautgebilde, dessen Aussagen sublim in Rissen und Lücken geschähen, gegensprachliches Sprechen, magischer Rest. Ezra Pound hat eine Poetik des Zwischenraums formuliert, die viele Dichter nach ihm (und bis heute) prägte: Sinn geschieht an Brüchen und in Überlagerungen von Ebenen, an Schnittlinien. Die Dichtung Paul Celans zielt auf keine Mitteilung, ist keine Sprache, wie sie gewöhnlich geschieht. Es ist eine dunkle, verstümmelte Sprache, die ganz auf etwas jenseits der Worte verweist. Ja, nicht einmal verweist, nur darauf wartet.

Aber versuchen wir, es noch schärfer zu fassen: Was ist das »Wort vom Kreuz«? Primo Levi berichtet in seinem Buch »Atempause« von einem Kind, das ihm nach der Befreiung in Auschwitz begegnete. Es wurde Hurbinek genannt: »Hurbinek war ein Nichts, ein Kind des Todes, ein Kind von Auschwitz. Ungefähr drei Jahre alt, niemand wußte etwas von ihm, es konnte nicht sprechen und hatte keinen Namen: Den merkwürdigen Namen Hurbinek hatten wir ihm gegeben; eine der Frauen hatte mit diesen Silben vielleicht die unartikulierten Laute, die der Kleine manchmal von sich gab, gedeutet. Er war von den Hüften abwärts gelähmt, und seine Beine, dünn wie Stöckchen, waren verkrümmt; aber seine Augen, eingesunken in dem ausgezehrten dreieckigen Gesicht, funkelten erschreckend lebendig, fordernd und voller Lebensanspruch, erfüllt von dem Willen, sich zu befreien, das Gefängnis der Stummheit aufzubrechen. Die Sehnsucht nach dem Wort, das ihm fehlte, das ihn zu lehren niemand sich die Mühe gemacht hatte, das Bedürfnis nach dem Wort sprach mit explosiver Dringlichkeit aus seinem Blick, den niemand von uns ertragen konnte, so sehr war er durchdrungen von Kraft und Leid.« Und dann beginnt Hurbinek ein Wort zu artikulieren, ständig und immer wieder. Es klingt wie »maß-klo« oder »matisklo«. »In der Nacht lauschten wir angestrengt: Tatsächlich aus der Ecke, wo Hurbinek lag, kam von Zeit zu Zeit ein Laut, ein Wort. Nicht immer das gleiche, um genau zu sein, aber bestimmt ein artikuliertes Wort, oder besser artikulierte Worte, die sich leicht voneinander unterschieden, experimentierende Variationen über ein Thema, eine Wurzel, vielleicht über einen Namen.

Hurbinek setzte seine beharrlichen Experimente fort, solange er lebte. In den folgenden Tagen hörten wir alle schweigend zu, ängstlich bemüht zu verstehen, denn alle Sprachen Europas waren unter uns vertreten – aber Hurbineks Worte blieben dunkel.« Hurbinek starb in den ersten Tagen des März 1945.

Das »Wort vom Kreuz« – etwas wie »maß-klo«, Laute ohne bestimmbaren Sinn, die eine Lücke markieren, einen Ausfall in der Orientierung durch Worte. Hier wird etwas gesagt, indem es nicht gesagt wird. Ein sterbendes Kind spricht nach innen, preßt Laute hervor. Solcherart Ausdruck ist Paulus auf der Spur. Denn das »Wort vom Kreuz« hat

Das Kreuz

seine Wahrheit nicht in dem, was es sagt – es spricht von einer Unmöglichkeit zu sprechen angesichts dessen, was geschehen ist, des undenkbaren Sterbens des Erlösers.

Das »Wort vom Kreuz« bezeichnet den Moment, in dem Sprache verloschen ist, verstummt, und erst stammelnd entsteht, auf dem Grund des Unsagbaren. Es ist der pure Unsinn für die, die es einordnen wollen in ihr sprachliches Selbstverständnis. Anderen ist diese Sinnlosigkeit eine »Gotteskraft«, und worin der Unterschied in der Wahrnehmung gründet, entzieht sich selbst wiederum dem menschlichen Verständnis, ragt in das Absurdum, das die Theologie mit dem Wort der Prädestination verhüllt. Den Schriftgelehrten ist das Wort unbekannt, den Weisen ist es nicht entschlüsselbar. Paulus, der Stotterer, kann nur auf eine Lücke hinweisen mit seinen Worten. Der Glaube, so Paulus, die »Gotteskraft« derer, die »selig werden«, bezieht sich nicht auf Aussagen oder auf Informationen in der Sprache, er bezieht sich auf eben das Ungesagte, die Grenze des Schweigens, wo die Sprache einerseits zum Zeichensystem entzaubert und anderseits, im gleichen Atemzug, mit dem Mysterium eines jenseitigen Sinns konfrontiert wird.

passio II

Ein Film
abgestorbener Zellen, über den Stein geschmiert, der Weg
steigt an und wird steiler, ins Licht,
wo Hunderte Augen draufhalten. Seine Zunge zuckt,
wie ein Falter in den Fackelflammen, die Worte versagen:
Weint über euch selbst! Die Aufwerfungen
von Kalkstein, von Knochen,
soweit die Blicke reichen, grobkörnige
Erinnerungen ... Aber sie schauen in einen Spiegel,

sehen den Grenzfluss, der den eigenen Schädel durchzieht,
den Blutfluss. Steig hinauf
in die unentwegte Einsamkeit,
wo Tränen und Schweiß eintrocknen zu feinen Kristallen,
zu lauter kleinen Kreuzen! Das ist der eine Weg.
Der andere ist derselbe ohne Bewegung,
während sich die Menge bewegt,
während die Zeit sich nach allen Seiten
ausdehnt im Staub und zurückgeworfen wird
auf den einzigen ruhenden Punkt: seinen Körper.
Sie schreien: Stell dich nicht so an,
schenk uns ein Wort, ein Bild, ein Taumeln,
dass wir spüren, wie du uns trägst! Reize,
die verklumpen an seinen Lidern, Bildblöcke,
ausgeätzte Platten
mit den verdrehten Gliedmaßen, berstende Platten
unter dem Druck
des Urteils und der Farbdichte.
Aber er trägt nicht den Mob, gesplittertes Holz trägt er,
von weit her gekarrt.
Blicke leeren sich, wie Lämmer ausbluten, überblendet,
sie starren in eine Schneise: Dort muss er kommen!
Und starren in ein schwarzes Loch,
einfallendes Menschenmaterial: Ich erkenne den Kopf! ...
Bebende Krater
in Momentaufnahmen, wie Krusten langsam zusammenrutschen,
dann die Endloswiedergabe, Tag und Tag und Tag und Tag ...

Ich wurde einmal unter Beduinen Zeuge der Schlachtung eines Schafes am Straßenrand. Die Beduinen haben kein ausgeprägtes Gefühl für das Tier, Kamele vielleicht ausgenommen. Tiere sind ihnen Gebrauchsgegenstände, die leider nicht immer einwandfrei funktionieren. Die Würde jedoch, mit der

Das Kreuz

sie dort an der Böschung einer Piste durch den westlichen Negev, nahe Gaza, dem Lamm in der Tötung begegneten, hatte den Charakter einer Epiphanie. Was ich sah, war archaisch und prophetisch zugleich. Ich tauchte für Momente zurück in eine Zeit, als Mensch und Tier in der Opferung voneinander abhängig und mit einer mächtigen, unberechenbaren Gottheit verbunden waren, als das pulsende Blut eines verlöschenden Lebens die Einheit der Welt formte.

Dem Tier, gebunden an den Läufen, war mit zwei kurzen Schnitten die Kehle durchtrennt worden. Das geschah mir im Rücken, als ich mich mit einem der Beduinen unterhielt. Aufgeschreckt von einem gurgelnden Geräusch, drehte ich mich um und sah, fassungslos, das pulsende helle Blut in eine Rinne im Sand strömen und Lachen bilden, die von Staub überweht schnell verkrusteten. Das Tier schaute erschrocken auf, doch sein Blick wurde rasch trüber, innerlicher. Die Pupillen verloren ihren schwarzen Glanz, wurden glasig und leer. Die Beduinen hockten um das Tier und sahen es schweigend an. Sie beobachteten genau, was geschah, und warteten darauf, daß der Blutstrom verebbte. In ihren Blicken lag eine hypnotisch-reglose Ergriffenheit, die ich von ihnen so noch nicht kannte. Sie starrten gebannt auf die Wunde, sichtbar voll Ehrfurcht vor dem Blut, das sich ins Erdreich ergoß. Sie verfolgten ein Sterben, und es war darin wohl etwas von ihrem eigenen Sterben, als bezeugte das, was sie sahen, ihr eigenes Wesen, als wären beide, Tier und Mensch, demselben Gesetz der Tötung unterworfen, nur auf verschiedenen Ebenen der Bewußtheit. Oder konzentrierten sie sich darauf, einer freien Seele in Freundlichkeit und ehrender Distanz zu begegnen?

Blicke leeren sich, wie Lämmer ausbluten, überblendet, / sie starren in eine Schneise: Dort muss er kommen! / Und starren in ein schwarzes Loch, / einfallendes Menschenmaterial: Ich erkenne den Kopf! … / Bebende Krater / in Momentaufnahmen, wie Krusten langsam zusammenrutschen, / dann die Endloswiedergabe, Tag und Tag und Tag und Tag …

passio III

Das ist das Zerrbild, in Öl: eine Höhle,
in der das Licht gerinnt,
Flockungen, die fest haften an einem älteren Schädel …
Mein Gott, mein Gott, warum hast du mich verlassen?
In umgekehrter Perspektive war es der hohe Felsen,
ein Körper wurde aufgerichtet in den Schmerz.
Darum, weil es Abend wurde in dem abgelegenen Landstrich,
war das Kreuz,
war das Ächzen der Balken, das verstummte Gebet.
Die Zukunft hatte keine Zukunft,
keine Vergangenheit,
war die Wiederholung eines Wortes, das er noch sagen wollte,
bevor er starb. Brüche und Ohr, es bebt,
Brüche, so schlägt die Glocke zu:
Du selbst treibst die Nägel zwischen Elle und Speiche,
wartest auf sein lästiges Sterben.
Dich erregt es, dir zuzuschauen.
Du weinst plötzlich in der Leere, die zurückbleibt.
Er atmete ein und aus.
Unbewohnbares Geschehen, wie sich der Krampf
ausdehnt von den Gliedern bis ins Zwerchfell.
Das sind keine einsehbaren Räume:
der hochgehetzte Puls, der Blickwinkel des Verlöschens.
Die Menge verschwand plötzlich wie ein Wasserstrahl
im Staub, stellte das Sehen ein, die Reihen
lösten sich auf im Vergessen.
Speichel tropft

Das Kreuz

über die Kolonnen, die Zahnstände. Der Himmel
greift ein und dreht an großen Riemen das Tageslicht ab.
Die Beckenschaufel zuckt.
Die Namenswüste, innen, das ganze Geröll
rutscht über den Grat ab: Vater, Vater,
der Mund, der Rand.

Jedes Gebet ist verstummt. Kein Wort ist mehr sagbar. *Die Namenswüste, innen, das ganze Geröll / rutscht über den Grat ab: Vater, Vater, / der Mund, der Rand.* Und ich frage mich: Wie konnten in diese erschütternde Sinnlosigkeit, in dieses erbärmliche Verstummen Wörter wie »Sühneopfer« oder »Erlösungshandeln« oder »Heilsökonomie« geraten? Das Wort »Opfer« hat mich immer wieder bewegt und zum Nachdenken gebracht.

Ich erinnere mich an Jerusalem, wie ich es in den 1990er Jahren als Student erlebte. Durch die lange Gasse el-Wad, das Tal, in der Altstadt wehte damals ein Geruch, der sich mir tief eingesenkt hat. Er vermag sich bis heute unvermittelt an den entferntesten Orten der Welt in meiner Nase zu regen und versetzt mich dann augenblicklich wieder in den Jerusalemer Suq. Fleisch liegt in der Sonne, neben Gewürzständen. Was ich rieche, trägt ein sichtbares Gewand, verdichtet sich in Rippenmustern, weißen Bahnen von Fett und Sehnen wie Schaum auf rotem Kies, die Haarreste an einem Schwanz, abgesägte Beine, abgehäutete Hoden, ein Beil hackt in das Fleisch, und der Blick zuckt zurück und gleitet über getrocknete Kräuter, Safran und Rosmarin, Salbei, Thymian, Zimtstangen und Muskatnüsse.

In stiller Übereinstimmung mit den arabischen Passanten hängen die geschlachteten Ziegen an den Haken im Fleischsuq in der Altstadt Jerusalems. Hierher kommen kaum Touristen, und wenn sie sich doch in diese enge überdachte Gasse verirren und die Abflußrinnen voll Blut und Wasser sehen, den Tod riechen und Fliegen vom Gesicht verscheuchen müssen, kehren sie schnell um und tuscheln von Grausamkeit oder haben, wenn es Deutsche sind, Angst vor Infektionen.

Die ausgeweideten Ziegen an den Haken im arabischen Basar Jerusalems sind ontologisch unterschieden von den zugeschnittenen, eingeschweißten oder portioniert in einer Theke ausgebreiteten Fleischwaren der westlichen Welt. Hier hängen tote Tiere – dort sind es produzierte Nahrungsmittel mit einem bestimmten Eiweiß- und Fettgehalt. Die halbierten Tiere hier erinnern an die Opfergaben vergangener Zeiten – schon darum, weil die Läden, in denen ihre Hälften wie rote Segel schweben, in ihrer Anlage bis in die Antike zurückreichen. Fleisch gehörte einst nur darum auf den Tisch der Menschen, weil ein bestimmter Teil, etwa der Fettschwanz und die Organe, verbrannt wurde für die Götter und so eine Malgemeinschaft gestiftet war, die in die Transzendenz hinüberreichte. Der Verzehr des Opferfleisches verband Kreatur, Mensch und Gott. Das allein rechtfertigte das Töten, und es waren ja auch die anderen Tiere und die ganze Steppe, die davon profitierten: Das geopferte Schaf gewährleistete die Durchlässigkeit der Sphären und damit die Stabilität der geschaffenen Welt. In diesem Zusammenhang hatte Fleischgenuß seinen natürlichen Ort, im Blutschatten der Opferung.

Erst in einer Welt, die auch ohne Götter stabil blieb, wurde eine Massentierhaltung zur Fleischerzeugung denkbar, war es möglich, auf Kreatur und Schlachtung die Begriffe der Effizienz und Nützlichkeit anzuwenden. Sah der Mensch einst auf zu den Göttern und in der gleichen Bewegung herab auf das Tier, elend wie er, wenig mehr als Staub, kaum zu beachten, aber geheiligt durch das Blut in den Adern, so ist die Fleischtheke im Supermarkt der Ausweis humaner Bedeutungslosigkeit. Sich zu ernähren, wird zu einer technischen Notwendigkeit, eingetaktet in den Tageslauf wie das Checken von E-Mails oder der Blick nach den Abfahrtzeiten der S-Bahn – und so findet sich der Mensch nun auf andere Weise und dennoch wieder im Tier, das auf Rosten steht und maschinell ernährt wird, Lebenszeit, bemessen nach Gewinnerwartung und Versorgungsaufwand.

Als der christliche Ritus des Mahles die Symbolik des antiken Opfers aufsog und verwandelte, wurde ein archaischer Bedeutungshorizont weitertransportiert: Gott und Mensch essen gemeinsam von dem einen Opfer. Der Mensch lädt die Gottheit zum Mahl, und wenn sie kommt, wird der Mensch geheiligt, geheilt und gestärkt. Ein Kreislauf ist installiert, ein geistiges Abbild der Blutzirkulation: Gott, der dem Menschen das Tier zur Nahrung gibt, empfängt das Tier als Opfer. Dieses semantische Erbe (wie sehr man es rational kritisieren mag) grundiert den christlichen Ritus bleibend. Von den verborgenen Erinnerungskräften unter der brüchigen Kruste der Traditionen und ihrer Deutungen leiten sich viele begriffliche Eruptionen der Theologie ab.

»Geistliches Opfer«, wie es in der frühen neuzeitlichen Theologie etwa gern sublimierend hieß – gab es das, weil das Wort das Blut beerbte? Weil die Sprache zum Puls wurde, zum Lebenselixier, zum inneren Nahrungsspender für einen neuen »geistigen« Menschen? Und so sickerte nun das Blut der Sprache in den Staub?

Und daß etwa das Abendmahl »Vergebung der Sünden« bereithielte? Wie das? Weil Gott das Opfer annahm und mit dem Menschen aß und trank? Ja, weil er sich selbst opferte hinein in die Logik des Rituals?

passio IV

Komm näher zum Schatten dieses weißen Felsens,
komm näher zu den Schatten, die im Abendlicht wachsen,
wo sich die Staubnebel

Poetikvorlesungen

auflösen, die letzten Wörter.
Nichts ist vollbracht, nichts, was du sehen kannst.
Die Wörter reichen ins Schweigen hinein, beim Einbruch der Finsternis
beginnt das Gestein zu pulsen:
jetzt und jetzt, kein Anfang, kein Ende.
Plötzlich ein Atemzug, wie ein Rascheln
im dürrem Gras,
und von hier breitet sich erneut die Zeit aus, Ringe,
die auseinanderfließen:
das Gewesene, das Kommende wird,
die Stirngewölbe des Menschen,
die Silben des Logos, die Wiederholungen, der Blutkreislauf.
Ich spreche erneut von diesem Atemzug,
von dem verdunkelnden
Atem spreche ich, der die Sonne verschluckte,
ich spreche erneut davon,
um dahin zu gelangen, wo ich nicht bin,
um zu schweigen.
Föhnböen
rauschen über das Felsenareal,
Hufe von Tierherden trommeln, grollende Steine:
Das ist die Sprache, die verwandelt,
Brot und Erinnerung,
und die Schienbeine werden zerbrochen,
das Schlaffe wird heruntergezerrt
in die Gewebe der Zeichen, in weißes Linnen gehüllt,
geschoben in einen steinernen Uterus,
schnell, vor der großen Ruhe.

Das ist die Sprache, die verwandelt, / Brot und Erinnerung. Alle gedanklichen Übersetzungen des Abendmahlsgeschehens, wo Kulthandlung und das Golgatha-Geschehen sich verbinden sollen, fallen überraschend schnell zurück in die irrationale Logik des Opfers, in vergangene Bildwelten von verstörend ausdauernder Schwerkraft. Tiefer als alle Deutungen und Vergewisserungen der Vernunft ist das Gedächtnis des Kultes.

Sacrificiorum aboleatur insania. »Der Irrsinn der Opfer soll beendet werden.« So steht es in einem Gesetz von Kaiser Konstans II., aufgenommen in den *Codex Theodisianus*. Vielfach sind die weitreichenden Wandlungen der religiösen Rituale in der Spätantike beschrieben worden – hervorsticht die Abkehr vom Opferkult. Die Beendigung der öffentlichen Opferungen für die Götter markierte einen Bruch in der Konstitution des antiken Menschen.

Einer der nichtchristlichen Zeugen, der Neuplatoniker Porphyrios, bezeichnete im dritten Jahrhundert die Tieropfer, unverhohlen tendenziös, als Perversion der wahren griechischen Religiosität. Für Porphyrios wird bezeichnenderweise der Philosoph, der Denker, zum eigentlichen Priester eines höchsten Gottes, nun im kritischen Gegenüber zu alten rituellen und mythischen Ordnungen. In seiner Schrift »Über die Enthaltsamkeit« entfaltete Porphyrios den Gedanken, daß allein das Herz des Philosophen der Altar sei, wo das lebendige Standbild der Gottheit wohne. Dort würden die wahren Opfer dargebracht – im Ritual des Denkens, in der Anbetung als Reflexion. War das ein Rückzugsgefecht einer erodierenden antiken Kultur, in der einst Philosophie und bunte Volksfrömmigkeit über Jahrhunderte hinweg in höchst produktiver Spannung zueinander standen? Eine Spätzeittheologie – wie heute vielleicht die christliche?

»Enthaltsamkeit« hieß für Porphyrios in der Logik seiner Kritik am Opfer vor allem eines: Enthaltung vom Fleischgenuß. Dadurch könne der Mensch sich lösen von der Erdenschwere vergangener, entstellter Religion, von niederer Materialität im Umgang mit dem Göttlichen. Porphyrios konnte mit der breiten Zustimmung der Intellektuellen seiner Zeit rechnen. Was war geschehen? Wohin hatte sich die Logik des Opfers verflüchtigt?

Schauen wir auf das spätantike Judentum: Die Juden hatten sich gezwungenermaßen vom Opfer getrennt. Ihr Tempel war im Jahre 70 n. Chr. durch die Römer gründlich zerstört worden, und die schnell populäre Vorstellung, daß die einst bei den Opferungen gesprochenen Gebete vollgültig das Opfer ersetzen könnten, weisen darauf hin, wie alle Bestrebungen nach einem Wiederaufbau des Tempels in Jerusalem bald als völlig obsolet erschienen. Das Sprechen der Gebete ersetzte die Handlung – und das ging so weit, daß ein rabbinisches Gebot die Forderung der Todesstrafe für Fehler beim Opferritual im Tempel kurzerhand übertragen konnte auf die Rezitation der biblischen Verfügungen über das Verbrennen der Opfertiere.

Blut und Sprache wurden damals allerorten verwechselbar – und beide können seitdem gleichermaßen als gültige religiöse Handlungen in Erscheinung treten. Diese ganz neue Denkmöglichkeit hat mit dem Christentum innerlich zu tun: Diese Religion, die von einem inkarnierten *logos* sprach, einem »Wort im Anfang«, das »Fleisch wurde« und »Gott war« (Johannes 1,14), hatte einen Paradigmenwechsel ausgelöst. Wenn der *logos* am Kreuz starb, floß ein anderer Lebenssaft als Blut: Da verschied die Sprache, das schöpferische Sprachgeschehen Gottes, es versickerte die Verständlichkeit der Welt. Das Opfer bestand hier nicht mehr im offenbarten Gesetz einer Tötung, sondern in der Irrationalität eines Sprachverlustes. Als der *logos* tot am Kreuz hing, klaffte ein Abgrund in der bewohnbaren Welt, war ein Loch geschlagen in das »Haus des Seins«. Der Mensch, der dieses Opferritual in einem Mahl feierte, opferte seine eigene Behausung in den Dingen und ihren Namen, opferte seinen sicheren Ort

Das Kreuz

in der Welt und sein Selbstverständnis. Und aus diesem Verlust kam ihm, in der Logik des Opfers, der Gott entgegen, nahm das Opfer an und stiftete neuen Sinn, jenseits allen Sinns, als Gnade des Glaubens.

Für viele Theologen und Religionskritiker seit der Aufklärung ist der Opfergedanke im Herzen des Christentums und in seinem zentralen Ritus, im Abendmahl, immer wieder zum Problem geworden: Warum verlangt Gott ein Opfer? Warum braucht Gott den Tod seines Sohnes am Kreuz, um den Menschen zu heilen? Was ist das für ein verquerer, verdorbener, gar blutgieriger Gott?

Diese Fragen unterstreichen den wesentlichen Gehalt, und das heißt ganz sachgemäß *die Sinnlosigkeit*, des christlichen Opfergedankens, indem sie ihn verkennen: Geopfert wird ja gerade nicht ein Fremdes, kein Tier und schon gar kein Mensch, sondern der *logos*. Geopfert wird die Religion, geopfert wird die Sprache und mit ihr der *Gott selbst*, das Wort vom Anfang – und dieser Abbruch, das Grauen eines leeren Alls, nimmt genau die Stelle des blutenden Tieres ein, das buchstäblich leerläuft, dessen Lebenssaft verrinnt. So blutet die Sprache aus, und getötet wird der Gott selbst als vorstellbarer, sagbarer, zu glaubender Gott. Nichts folgt daraus *ex opere operato* – so wie einst auch kein Tieropfer seine Annahme durch den Gott garantieren konnte. Die Auferstehung des geopferten *logos*, die Heilung des Menschen im Abendmahl sind keine denkbaren Möglichkeiten – sie geschehen, wenn Gott naht. Das Christentum hat den Opfergedanken über die spätantiken Brüche bewahrt und auf seinen Kern hin vertieft: auf das unverfügbare Ereignis der Gottesnähe, auf das »unerschöpfliche Opfer«, eben weil es »nichts« enthält. Diese Opferung von »nichts« aber öffnet das Christentum in jedem seiner rituellen oder gedanklichen Vollzüge auf das hin, was es nicht enthält und nicht faßt, auf den Gott hin, der in jeder Vorstellung und schon in jeder Verwendung des Wortes »Gott« *geopfert* wird, gleichsam *sich selbst* zum Opfer gibt, zum Dasein und zum Trost, zum Riß im Horizont des Menschen.

Und so galt im frühen Christentum das Opfer des Lebens im Martyrium als Quelle einer Verwandlung: In der *imitaio christi* gab der Gläubige sich auf, um in der Ähnlichkeit mit dem geopferten *logos* den Gott jenseits seiner selbst zu finden. Das wurde in der Frühzeit des Christentums ganz körperlich gesehen – entsprechend der ganz sinnlichen Erwartung einer nahen Auferstehung in einem neuen Leib; man starb mit Christus, sogar öffentlich gefoltert in der Zirkusarena, und sollte so zum Leben in dem kommenden Gott finden.

Diese Praxis gehört in die Obertonreihe christlichen Lebens – heute nun vielleicht in der Weise, daß die Gläubigen unserer »postreligiösen« Tage gezwungen sind, auf alle Gewißheiten zu verzichten, daß ihnen im Gebet jede christliche Weltanschauung zerfällt, jede vermeintliche religiöse Daseinshilfe und jede haltbare Vorstellung von einem Heil. Martyrium erscheint heute als schmerzliche Aufgabe von Sicherheiten und von Überzeugungen, als Sprung ins Offene, als radikale Öffnung in der Liebe und im Vertrauen auf einen Gott zu, »den es nicht gibt« und der sich doch immer neu und grundlos ereignet.

passio V

Das Bild: auf einem rohen Pfahl der Stamm,
der sich nach unten biegt;
gespannter Bogen, festgehaltenes Fleisch
an Nägeln;
mit schreienden Krallen die Hände
vor dem gekrümmten Horizont, in Ölfarben,

Das Kreuz

gebrochene Knochen;
Nässe rinnt, Schwellungen
wie die Spuren von Wasserläufern auf einem Teich;
Gaswirbel;
Beine, ausgebuchtet; die Klimaanlage surrt;
Aughöhlen, bis über die Brauen gequollen, Fäulnis;
enorme Hitzegrade
auf der Zunge: Das ist mein Leib,
er wächst wie ein Vulkan im Urmeer,
wie die wimmelnden Kaulquappen im Sumpf,
wie ein Embryo;
das Loch in der Seite, sickerndes Wort:
Blut, für euch
Blut, Pulsen der Nabelschnur, für euch
die andere Zeit hinter der Zeit,
für euch die Zellen und ihre unendliche Teilung;
das Beben, zitternde Rippenbögen,
die an keiner Wärmequelle mehr ruhen, ein Nachhall,
wie das Amen ein Nachhall,
aus dem die Dinge ihre Sagbarkeit saugen,
selbst Echos verstummter Namen;
Kieferstöße, der Mund
zum Luftkanal entstellt, zur Beschreibung:
Es ist einer von dreien, nebeneinander hinter Glas.
Nichts ist gewesen,
nichts folgt mehr, der Stamm, das Bild.

Welches Bild? Kann ein Bild stehen, wo die Wörter nicht mehr taugen? Oder ist das nur eine Verlagerung des Problems? Einmal sah ich ein Bild, das wiedergeben könnte, was ich meine, wenn von suchender Sprache spreche, also einer Sprache, die erst gebildet wird vom Widerschein dessen, was sie auszudrücken sucht und noch nicht vermag. Ich sah es in den Abruzzen: Eingefaßt in grobes Glas schimmerte da ein Gewebe. Es war fast durchsichtig. Im Licht von den Chorfenstern im Hintergrund zeigten sich darin nur wenige Schatten. Blaßgrau, wie eine hohe Wolkendecke im Mittagslicht im Herbst. Zarter Stoff. Minuten später, es ist draußen etwas dunkler geworden, tritt aus dem Tuch ein Gesicht. Lebensgroß, noch immer ein Schatten, aber deutlicher konturiert. Man sieht eine breite Nase. Sie ist verletzt, vielleicht gebrochen. Es sind wohl Blutergüsse, was da links des Nasenbeines zu erkennen ist. Auch die linke Wange ist geschwollen, und so verschiebt sich der schmale Mund. Die Lippen sind leicht geöffnet, wie bei einem Toten – schlaff, nach innen gefallen. Es ist keine Atembewegung denkbar, aber doch ist es so, als wolle gleich etwas gesagt werden, als wäre ein Wort schon im Entstehen. Das Gesicht taucht im Schräglicht aus dem gazeartigen Gewebe. Der da zu sehen ist, hat lange Haare, einen geteilten Bart, und es wirkt, als wäre auch das eine Gewaltspur – herausgerissene Büschel. Er schaut mich an, durchdringend, es fällt schwer, den Blick abzuwenden, schwer, ihn auszuhalten. Die linke Pupille ist geweitet und nach oben geglitten, heraus aus der Symmetrie des Menschenkopfes.

Und schon wieder verändert sich ein wenig das Licht, es wird heller von den Seiten, und nun schillert der Stoff in Regenbogenfarben wie das Innere einer großen Muschel. Er glänzt, und als kurzzeitig die Leuchter aus dem Kirchenraum beherrschend werden, ein künstlicher Schein von vorn, wird das Gesicht augenblicklich plastischer und zugleich matter. Es wirkt nun wie ein Gemälde in Öl. Aber da löst es ein plötzlicher Sonnenstrahl ganz auf – nun sieht man nur noch trübes Glas.

Volto Santo: Das Tuch befindet sich in einer Kirche in den Abruzzen. Es ist ausgestellt auf einem Altar, und der barocke

Das Kreuz

Rahmen mit einem Baldachin wirkt beim Betreten des Raumes zunächst wie eine leere Monstranz. 1638 erhielten Kapuziner in dem Ort Manoppello das Tuch als Geschenk. 1507 sei es, so sagt es die damals ausgestellte Urkunde, durch einen Unbekannten in einem verschlossenen Paket in den Ort gelangt. Die beiden Daten stimmen auffällig mit den Jahren des Abrisses von St. Peter in Rom überein – des Westteils und des Ostteils der alten Kirche. Besteht ein Zusammenhang? Das Bild ist deckungsgleich mit dem Gesicht des Grabtuches von Turin. Wie kommt das?

Es gibt einige Untersuchungen und sehr viele Spekulationen über den Schleier von Manoppello.

Das Gewebe zeigt keinerlei Pigmentspuren. Byssus – darum handelt es sich, ein höchst kostbarer Stoff, der aus dem Sekret von Muscheln hergestellt wurde, sogenannte Muschelseide – kann mit Rinderharn gebleicht und dann auch eingefärbt werden, etwa mit Purpur. Aber er läßt sich nicht bemalen. Die Fasern des Tuches könnten vielleicht vor dem Weben gefärbt worden sein. Handelt es sich um eine heute unbekannte Technik? Jedenfalls gibt es in der Kunstgeschichte kein vergleichbares Bild, das Transparenz und Sichtbarkeit so ineinanderfallen läßt. Man kann durch das Tuch hindurchsehen. Bei einem leicht veränderten Einfallswinkel des Lichtes aber wird man durchdringend angeschaut – von einem Gemarterten, einem Verklärten, einem Gesicht, das nicht einfach betrachtet wird, sondern das *sich zeigt*. Es wird gebildet durch die Brechung des Lichtes im Stoff. Manchmal leuchten klare Gesichtspartien auf. Dann wieder versinken sie in dämmrig dunklen Wundspuren. Ganz offensichtlich wird ein Geschlagener gezeigt. Aber das Gesicht ist damit nur ganz unzureichend erfaßt. Denn durch die Wunden und Schwellungen, durch den Todescharakter schimmert das Gesicht *hindurch*. Es scheint tiefer zu liegen. Die Spuren des Leides, obwohl deutlich sichtbar wie Verschmutzungen im Stoff, bestimmen nicht das Wesen des Gesichtes. Sie wirken nur wie eine Verhüllung, ein Gewand. Manchmal kann das Bild golden und warm leuchten wie das Antlitz des Auferstandenen auf dem Isenheimer Altar von Matthias Grünewald, gemaltes Sonnenlicht – und immer bleibt eine ganz grundsätzliche Fremdheit. Diese Augen scheinen etwas zu sehen, was mir unvorstellbar ist und was sie allem enthebt. Und plötzlich, eine Wolke zieht vorbei, ist das Gesicht wieder aschfahl, fließende Schatten in einem Fetzen Stoff.

Das Gesicht im *Volto Santo* wird nicht durch die Substanz einer aufgetragenen Farbe gebildet, sondern durch Licht, das durch und auf das Gewebe fällt. Dieses Kunstwerk – gehen wir davon aus, daß es die geniale Arbeit eines Unbekannten ist – wirkt nicht durch das, was es enthält. Es entsteht durch seine eigene Offenheit für das wechselnde Licht. Sichtbar wird, was unsichtbar bleibt – jenseits der Grenze der Wahrnehmungen und doch *in* den Bildern.

Schwarz, der Schlaf, von nichts weiß der Schlafende,
unberührt von den Nägeln in den Gliedern,
nässenden Wunden,
schwebt er am Kreuz. Schlaf eines Mannes,

bevor er geboren ist, Schlaf eines Schöpfers ohne Welt,
Schlaf eines Keimlings im Samen bei Frost,
Schlaf eines vergessenen Toten,
über dessen Grab eine Schnellstraße führt.

Schwarz, der Schlaf, der weder endet noch beginnt.
In diesem Augenblick kehrt ein Mensch heim zu sich selbst.

Das Kreuz

Literatur

Primo LEVI, *Atempause*, München: DTV, 2010, S. 20. (Hurbinek ist übrigens der Name einer tschechischen Marionettenpuppe aus den 1920er Jahren, die noch im DDR-Fernsehen meiner Kindheit auftauchte. Primo Levi scheint sie nicht zu kennen.)

Codex Theodisianus und PORPHYRIOS, zitiert nach: Guy G. STROUMSA, *Das Ende des Opferkults. Die religiösen Mutationen der Spätantike*, Verlag der Weltreligionen, Berlin, 2011, S. 87, 93ff. und 100.

FRÖHLICHE URSTÄND
Gedanken zur Sprache als Schöpfungsgestalt

Die Reflexion über Poesie hat immer eine seltsame Gestalt, denn sie will etwas klären, was sich ihr letztlich entzieht: die Schöpfungskräfte der Verse. Ihr Grund, »das schöpferische Vermögen des redenden Seins«, wie es Gaston Bachelard nannte, will sich nicht recht den Worten fügen. Poesie lebt aus dem sehr einfachen und doch grundstürzenden Geheimnis, wie die Sprache etwas hervorbringen kann, was es vorher nicht gab. Hören Sie:

> *Sie ist mir eingegeben, die Libelle,*
> ein stilles Komma in der Luft, sie steht,
> als ihr das Graslicht in die Augen weht,
> noch immer zögert sie an einer Stelle ...
>
> Weil die Bewegungen nicht ihre waren?
> Weil nichts erklärt, wie etwas folgen soll?
> Weil das, was kommt, nicht uns gehört, und voll
> die Flügel stehen, voll von Unsichtbarem?
>
> Und wie sie zittert, ist sie ganz für sich –
> ein unwägbares, schwebendes Gestein.
> Ein blaues Licht schließt sie von innen ein.
>
> Ich sehe ihren Glanz – er schaut doch mich.
> Wie aufgereihte Perlen, ihre Glieder,
> in ihrem Schimmer kehrt der Sommer wieder.

Haben Sie die Libelle gesehen? Wo kam sie her? Wo geht sie hin? Sie kam aus den Worten, sie bestand nur aus Worten, und sie verlor sich wieder in Worten. Aber sie war da. Das

Fröhliche Urständ

ist das Geheimnis der Poesie, und damit ist im Grunde alles gesagt zum heutigen Thema: Fröhliche Urständ. Gedanken zur Sprache als Schöpfungsgestalt.

Aber ich will es mir und Ihnen nicht zu einfach machen, und darum das, was ich sagte, von einer anderen Warte aus anschauen (und das tue ich übrigens beim Schreiben manchmal ganz real, indem ich an einen anderen Tisch oder ans Stehpult trete), und so frage ich: Hat das Gedicht wirklich die Libelle hervorgebracht? Oder haben das nicht eher Sie als Hörer getan, weil Sie Libellen kennen und Ihre inneren Bilder eingetragen haben? Vielfältige Libellen, große oder kleine, nahe oder ferne aus Ihrem Kopf? Könnte ich denn auch von einer Libelle sprechen, wenn ich sie nicht anderswo als in der Wortgestalt gesehen hätte? Damals über dem Tümpel? Das Sonett, welches das Tierchen eben schweben ließ in seinen Reimpaaren, war eine Antwort. Ihm voraus ging etwas, das wirklich existierte. Aber was heißt *wirklich* nun wieder? Ist das Wirkliche nicht auch bereits Sprache, denn ich identifiziere doch nur das, was ich »als etwas« irgendwie benennen kann? Weil ich das Wort »Libelle« weiß, kann ich sie erst erkennen?

Heute habe ich wiederum eine ungebräuchliche Form des Vortrags gewählt, da die konsequente Gedankenrede der Mannigfaltigkeit der Erscheinungen nicht recht angemessen ist, die ich mit Ihnen verfolgen will. Die Natur und die Schöpfung verschwinden allzu schnell unter unseren Begriffen, sie sind abstraktionsscheu. Sprach ich über das Kreuz entlang eines brüchigen Gedichts, will ich über die Schöpfung und das Geheimnis des kreativen Anfangs entlang von einzelnen Beobachtungen sprechen. Ein Bilderbuch von Erscheinungen und Assoziationen will ich aufblättern, in der Hoffnung, daß darin sich etwas zeigt von dem, was Sprache und Natur verbindet – jedenfalls in den Augen eines *logos*-vertrauenden Autors. Nicht nur Gott kann dabei zur Sprache kommen, sondern auch sein dunkler Schatten muß es. Die Weltlage zwingt mich auch zu Reflexionen darüber. So will ich beginnen mit meinem Streifzug und eines meiner Lieblingskräuter betrachten und über die Natursprache nachdenken:

JOHANNISKRAUT. – Zwar dem Mittagslicht zugewendet, doch selbst nur ein vorborgenes erdnahes Leuchten, dunkelgelbe Tupfer versteckt im Gestrüpp am Waldrand: Nah heran mußt du, die Blüten direkt vor die Augen halten, dann erst glühen sie, dann wird das Strahlen zur Geometrie, und du siehst die hellen Staubfäden explodieren. Als hätte ein Kind die Sonne gezeichnet, mit feinen Stiften, so erscheint das Gestirn in der Blüte, in verkleinerter Gegenwart als ein lebendiges Bild – Sonnengestalt, die aufblitzt in der Demut eines Krauts.

Diese Ähnlichkeit mit dem Taggestirn reicht ins Innere der Pflanze, in ihre Stoffe, die ihre Wirksamkeit entfalten wie Sonnenessenzen, Lichtpartikel im Gewebe der Natur. Legt man Zweige des Krauts, das um Johannis im höchsten Sonnenstand des Jahres, an den längsten Tagen beginnt zu blühen, in Olivenöl ein, so färbt sich dieses blutrot. Es wirkt, als würde es in der Flüssigkeit zu dämmern beginnen. Damit der Auszug gelingt, braucht es wiederum Licht, viel Licht: Man muß das verschlossene Glas mit dem Öl und den darin schwimmenden Blüten für mehrere Wochen draußen an einen hellen Ort stellen. Das Öl lindert dann wie keine andere Substanz, die ich kenne, die Entzündungen nach einem Sonnenbrand. Doch es darf nur in der Dunkelheit verwendet werden, tags macht es die Haut lichtempfindlich. Ein Aufguß der Pflanze oder ein paar Tropfen einer alkoholischen Tinktur hellen im Winter die Stimmung auf und beruhigen bei depressiven Ängsten. Diese verzögerte Wärmewirkung,

Fröhliche Urständ

dieser Sonnennachklang entfaltete sich aber erst in der Regelmäßigkeit, in einem genauen täglichen Puls. Noch der Sud trägt das Zeichen der Sonne.

Die Naturwissenschaftler der frühen Neuzeit nannten solche zeichenhaften Ähnlichkeiten Signaturen. Das Hilfswort enthielt einen Erkenntnisweg: Um die Dinge und Lebewesen zu ergründen, galt es ihre Gestalten zu vergleichen, gleichsam in ihnen zu lesen, und Ähnliches zu Ähnlichem zu stellen und dabei Wirkkräfte zu erkennen. Die Methode verlangte genaue und beharrliche Beobachtung und erhob das Staunen über die Vielfalt der Lebensformen, die feiner und weiter waren als alle Vorstellungen, die sich Menschen davon machen konnten, zum wissenschaftlichen Impuls. Die Sprache als Metapher, der Logos in allen Phänomenen, gab der Signatur eine philosophische Allgemeingültigkeit: Alles, was ist, spricht – wie alles, was ist, hört und gesprochen wird, und so entsteht ein Widerhall, eine Zeichenfolge. Ihre Einheit bildet, so die theologischen Adjutanten dieses Weltzugangs, der präexistente und fleischgewordene *Christos.* Der Mensch kann nur verstehen, wenn er sich wie ein Leser diesem Sprachfluß aussetzt, in ihm lebt und sich selbst einträgt. »Die Methode bin ich«, soll Paracelsus gesagt haben. Immer fragmentarisch, immer auch subjektiv bleibt solche Erkenntnis – aber sie trägt in sich die Vision eines Ganzen, die flüsternde, schreiende, schweigend bedeutende Sehnsuchtsgestalt aller Erscheinungen.

Anders die Rationalisten: Sie gingen vom Abstrakten aus, von der Formel, die sie mit dem Gegebenen verglichen. Sie suchten Bauteile, Atome einer Konstruktion, verfolgten Strukturen, um Zwecke und Gründe zu erkennen. Sie sezierten und setzten zusammen, sie rechneten mit Kausalitäten und genetischen Taxonomien. Distanz war dazu nötig, der klare Blick aus der Entfernung, die Schnittschärfe kritischen Bewußtseins.

Poetikvorlesungen

Zwei unterschiedlich Haltungen: Schauen oder Bauen. Die Macher und Anatomen haben das Rennen um den bestimmenden Weltzugang zunächst für einige Jahrhunderte gewonnen und die technische Umformung der Welt zum Menschenmerkmal gemacht, zur Signatur der Neuzeit. So trägt der *homo sapiens* nunmehr den digitalen Code auf der Stirn, das einfachste Bedeutungsatom: Sein oder Nichts. Ja oder Nein. Das ist sein Signum.

Der Mensch ist nunmehr davon gezeichnet, daß er sich selbst gestaltet und dabei keine Grenzen kennt, auch keine Beschränkungen einer Anthropologie, sondern hineingreift in das physische Baumaterial seiner selbst, in genetische Codes und Nervenschaltungen, in Stoffwechselprozesse, ja, in seine seelischen Wahrnehmungsmuster. Ist erst der Bauplan freigelegt, ist erst alles übersetzt in verrechenbare Informationen, gibt es keinen Grund mehr, staunend vor Gegebenheiten zu verharren, wenn sich diese optimieren lassen. Dieser Mensch ist immer mehr und anderes als ein Mensch, er ist zunehmend ein Produkt des Menschen.

Dichtend aber, bin ich immer wieder zurückgeworfen auf die alte Analogienlehre. Ich kann wenig »machen« im Gedicht, ich muß vor allem genau hinhören. Denn in Bildern, in Übertragungen, in der Suche nach Ähnlichkeiten tastet sich das Gedicht zu seinem Gegenstand vor. Ich habe vorab keine Theorie. Das vielverwendete Wortgebilde »experimentelle Lyrik« macht keinen Sinn, denn welche Hypothese wöllte ein Gedicht für wahr und falsch erweisen? Das Gedicht hat doch nur seine Silben, seinen Puls und seinen Atem, seinen Sprachleib, um zu erkunden, was es zu sagen hat, um seine Wahrheit zu finden. Und ist es nicht im Gebet genauso?

Fröhliche Urständ

DIE BACHSTELZE. – Auf dem Dachfirst über dem silbrig nassen Schiefer saß eine Stelze und sang, so hell und so spitz und so aufmüpfig, wie Bachstelzen pfeifen, dabei wippend mit dem langen Schwanz, als zelebrierte sie da oben stolz das Erscheinen ihrer selbst.

Sie meinte mich nicht, aber sie ärgerte mich. Unwillkürlich brachte sie mich dazu, über die mechanisch wiederkehrenden Tonfolgen meiner Verse nachzudenken. Ki-witt, ki-witt, das gleiche Intervall, leicht variiert. Bruchstücke, rhythmisch geordnet, klanglich geformt.

Meine Impulse zum Gedicht sind einfach: Sie reagieren auf Schreckmomente. Meist haben diese etwas mit bestimmten Sätzen zu tun, Wortgruppen – nicht in ihrer Bedeutung, sondern in ihrer Existenz. Plötzlich stockt der Fluß, und wie ein Bewußtseinsverlust, ein Anfall blüht das Enigma im Kopf auf, die erste Benennung; prophetische und ekstatische Eruptionen, Ki-witt, ki-witt – bachstelzenartig, reflexhaft flüchte ich mich, um jetzt nicht zu schweigen, in die pulsenden Versmaße, die rhythmischen Takte von Hebungen und Senkungen der Silben und die alten Klangschemen der Reime.

Ki-witt, das Intervall schwankt. Verse, überrascht von der Kraft des poetischen Bildes, flattern auf, setzen sich wieder. Alltäglichkeit, Zeitgenossenschaft, gedankliche Reflexivität, anderen »etwas« sagen – all das gehört für mich nicht in den Raum der Gedichte, und das ist sicherlich ein enges Verständnis, aber nicht alle Fragen des Lebens verlangen von mir eine poetische Antwort.

Merkwürdig war, daß der Ruf der Stelze am Bach zwischen den Steinen anders klang. Sie hüpfte dort von Kiesel zu Kiesel, wippte ebenso mit dem Schwanz, pfiff aber in anderem Takt, ernsthafter im Ausdruck, in anderer Zahl der Töne. War es derselbe Vogel? Traute ich mehr der optischen Kontinuität oder der stimmlichen Unterschiedlichkeit?

Es bleibt so unendlich schwer, Identitäten zu bestimmen. Was ist was? Wer ist wer? Mir fehlen einfach die festen Vergleichspunkte. Wovon wird auch dieses brüchige »lyrische Ich« gebildet, das zwischen zwei Versen vermittelt? Besteht es nur im reinen Vertrauen darauf, daß »es« sei?

DAS A. – Das A im Abend öffnete den bläulichen Vorhang vor der Nacht. Das M im Murmeln verschloß die Strömung des Baches in eine schlängelnde Haut. Das unscheinbare H war ein Hauch und Hecheln, und wenn es mit einem T verschwamm, härtete es aus zum Plusquamperfekt, hatte, hatte ich gedacht, man könne Wörter nicht bewohnen? Das Haus war ein Laut, und ich versuchte ihn hervorzubringen: AM ... »Diese Worte muß man eigentlich betrachten / waß sie seind / dan das wort AM fasset sich im Hertzen und fähret biß auff die Lippen / da wird es gefangen / und gehet schallende wieder zu rücke biß an seinen außgegangenen orth.« So beschrieb Jakob Böhme die Schöpfung als Sprechvorgang, ausgehend vom allerersten einsilbigen Wort der Bibel: *Am (Anfang schuf Gott ...)*: »Das bedeutet nun / daß der schall von dem Hertzen GOttes ist außgangen / und hat den gantzen *locum* [Ort] dieser Welt umbfasset / als er aber böse befunden worden / so ist der schall wieder an seinen *locum* getretten.« Man muß nicht zufrieden sein mit solcherart Theologie, aber sie nimmt zumindest ihre eigene Sprachgestalt ernst. Ist denn die Sprache bereits damit zureichend erfaßt, daß sie etwas sagt? Oder hat sie nicht auch eine Leiblichkeit, die mehr weiß als ihr Zeichencharakter? Denn die moderne sprachtheoretische Denkfigur, die Bezeichnung und Sache auseinanderbrechen läßt, hat eine beschränkte Geltung, auch wenn es uns oft anders erscheint. »Sprache ist Geste, ihre Bedeutung eine Welt«, schreibt der Phänomenologe Merlau-Ponty und weist darauf hin, daß Sätze etwas sichtbar machen können, was wir ohne ihre Zeige-»Gesten« gar nicht erkennen würden und für uns somit auch »faktisch« gar nicht existierte. Ein Gedicht, wie auch ein Gebet, weisen nicht auf etwas hin, was sie bezeichnen, sondern sie »eröffnen eine Welt«. Diese Welt kann und muß ich betreten, wenn ich die Wörter in Gedicht oder Gebet verstehen will. Dann werden sie zu Zeichen, die ins Offene weisen. Aber was dort ist? Niemand weiß es, der sich nicht aufgemacht hat.

WURZELN. – Lange Arme und hunderte Finger, die aus Wulsten und Gabelungen ragten und sich ineinander wanden, Tentakel daran und borstige Härchen – der riesige Wurzelteller einer Lärche war in die Höhe geschlagen, als ein nächtlicher Sturm sie niedergedrückt und über eine querliegende tote Buche gehebelt hatte. Ein Bild des Jammers, das Unterste zuoberst, und ich sah am Morgen, als ich durch den zerzausten Wald ging, was ich nicht hätte sehen sollen: das nackte Erdorgan des Baumes. Sein Innerstes lag bloß, es war größer als die kegelförmige Krone, verworren wie ein Gehirn.

Vor mir lag das herausgerissene Gegenbild des Baumes, seine andere Spiegelhälfte, die nicht nach oben, sondern nach unten wuchs: »Was der Kopf der Tiere, das sind die Wurzeln der Pflanzen«, so vermutete Aristoteles. Hier würde der Baum denken, hier sich erinnern, dies sei sein Gedächtnisorgan: Der Stamm in der Luft und der Kopf in der Erde. Forschungen zur Pflanzenintelligenz scheinen das zu bestätigen. Fühlt eine Lärche im wirren Wurzelwerk sich selbst, steuert ihren Stoffwechsel, entscheidet, wann sie blühen und wann sie die Nadeln abwerfen soll? Tragen die Bäume das aufgenommene Licht und Kohlendioxid als gelöste Süße durch Gefäße in die Erdtiefe wie Sinneseindrücke und Vorstellungen? Während mit dem Wasser etwas wie Willensakte aufsteigen? Wächst ein Baum mit den Jahren beständig hinab, und in Lehm, Gestein und Nässe formt sich und reift sein Seelenschatten, ein dunkler Bewußtseinsgrund, den das atmende Blattwerk nährt?

Ich ging weiter, ein Leichtgewicht. Wie flüchtig war ich doch, ein wurzelloser Lichtbewohner, ein Oberflächen-Kriecher. Folgend einem Tierpfad wollte ich schnell nach Hause. Mir fehlte, so empfand ich, gegenüber den Bäumen eine ganze Dimension: Ich wußte nichts von dem, was nur zehn Zentimeter unter meinen Füßen im Lehm geschah. Die Erde war eine Oberfläche, die mich trug – mehr nicht. Ich mußte zurück, um zunächst ausgiebig im Garten zu graben, ohne Werkzeug, mußte mit den Händen und Fingern in der Erde wühlen, bis ich mich erschöpft und dreckverschmiert aufrichtete. Der Rükken schmerzte, die Nagelbetten und Fingerkuppen waren wund und brannten. Aufrechter Gang, hoher Stand in der Sonne – aber war das nun ein Evolutionsgewinn? War das Strecken in die Höhe (zum Apfel) nicht der erste Fehler, die Aufrichtung, die Vertikale ohne sicheren Halt?

Ich mußte mich bücken und weiter umgraben; um mir die Tiefe zu erschließen, genauer: um mir durch wurzelnde Pflanzen, die Bohnen und Kohlstrünke und Stauden, die Tiefe erschließen zu lassen. So erdvergessen, so schnell ätherverliebt – und wieder im Haus saß ich dann oben im ersten Stock mit einer Tasse Kaffee und in den Sätzen, die ich machen wollte? Aber ich konnte dort nicht sein. Wo war der Keller?

Ich stieg die feuchte Treppe hinab, hielt mich am verschimmelten Geländer fest. Auch hier: Ein Schädelgewölbe war in die Erde gegraben, erhob sich über dem Fundament, den Geröllsteinen und festgestampftem Lehmgrund. Pilzflekken, weiß überschimmelte Laufkäfer an Spinnenfäden, Mäusedreck, und eine gläserne winzige Eidechse saß am Feuchtholz einer alten Kartoffelkiste – Träume des Hauses,

Fröhliche Urständ

die man nicht kennen durfte? War ich hinab in einen Bereich gestiegen, nach dem ich nicht fragen sollte?

Ein Graben war entlang der Kellermauern gezogen, darin floß ein Rinnsal, das dann draußen am Hang unterhalb des Hofes aus einem Tonrohr auf die Wiese sickerte. Wasser troff von einem Felsen im Keller, kam aus der Haustiefe, war auch vielleicht gespeist von einem verborgenen Bachlauf unter den Mauern. Vor allem im Frühjahr, in den Wochen nach der Schneeschmelze schwoll das Bächlein an.

Aber war es Wasser? Was für ein Wasser! Es war so klar, als hätte es keine Materialität, und es roch nicht, war kaum sichtbar – aber doch eine Ausdünstung? Das Haus brachte es hervor, fast unstofflich: stilles, schlafendes Wasser. Ruhendes Rinnen.

Mein »Winkel der Welt«, mein Haus hat auch eine Traumgegend, eine Feuchttiefe und Finsternis, die fortwährend leise strömt. Das Haus umhüllt mich im Hellen mit Bildern von Frieden und Sicherheit. Im Keller weiß es mehr, als ich – als sein leichtfüßiger Symbiont – erkennen darf. Aber das Unsagbare ist untergebracht. Es hat einen Raum.

HEXENBESEN. – In den winterkahlen Birken hingen Wirbel von Zweigen, die dichter gewachsen waren als das übrige Geäst. Sie wirkten fest verwoben, Flechtwerk wie runde Nester. Manchmal riß der Sturm eines dieser Gebilde ab und sie rollten über die Felder. Diese wirren Ballen in den Bäumen, von fern wie dicke Haarbüschel anzusehen, waren winters von filigraner Schönheit, Schraffuren, die in die Zeichnung der Kronen eine graphische Tiefe eintrugen. Im Sommer waren sie erkennbar als Flecken besonders üppigen satten Grüns.

Aber sie waren keine Zierde, vielmehr eine böse Erkrankung, sogenannte Hexenbesen. Schlauchpilze nisteten sich da

Poetikvorlesungen

in Rindenrissen und Verletzungen am Holz ein, ihr Myzel breitete sich aus, sie nährten sich vom Saft des Wirtes, schmarotzen und regten eine Zweigsucht an, wie es hieß, den Birkenkrebs, Wucherungen und dauernde Knospenbildungen, aus denen zahllose Reiser schossen. Die Birken wurden davon langsam und stetig entkräftet. Die krankmachenden Pilze suchten sich zuerst die Schwächsten heraus, jene Stämme, die an ausgesetzten Stellen und im kümmerlichen Erdreich an Felsen wurzelten. Der Sturm trug ihre Sporen weiter.

Ich betrachtete in den kalten Monaten oft die Birken am Bergkamm, ihre schwingenden Kronen, die selten brachen, zähe, doch geschmeidige Tänzerinnen mit dem Wind. Wie kam es, daß sich auch hier Zerstörung in das Schöne mischte? Warum lebte überall eines auf Kosten des anderen und entfaltete seine eigene Gestalt, indem es tötete? Und irgendwann wurde es selbst angegriffen und zerstört? Warum waren überall Wachstum und Elend vermengt? Diese Fragen drehten sich tagelang in meinem Kopf im Kreis mit den Böen der Winterstürme.

Das Christentum kennt dramatische Mythen vom Himmelssturz Luzifers. Östliche Religionen rechnen die ganze Natur dem Leid zu, als einer Verhüllung aus nichts von nichts. Die Gnosis erzählte von der Expansion einer dunklen Gegengottheit. Als hochfahrende Versuche, sich in ein Gelände vorzutasten, das nicht menschenbewohnt und nicht menschensprachlich zu ordnen war, erscheinen mir diese Vorstellungen. Aber ließe sich denn vom Ursprung des Bösen schweigen, als sei es einfach natürlich gegeben wie das Sonnenlicht? Wäre die Reibung nicht zu groß zu einem Gottesgedanken, der Liebe und Allmacht enthielte? Oder ist das bereits der Fehler? Selbst die Aufklärer rangen um eine Theodizee. Die oft erstaunlich schöne Geometrie mancher Viren, unter Elektronenmikroskopen farbenprächtig dargestellt – und ihr Lebenskreis schließt sich nicht, ohne den Tod anderer Lebewesen oder Zellen – lassen die Frage ebenso entstehen wie die Gewaltexzesse, die plötzlich aus ganz normalen Menschen brechen können, sobald soziale Schranken unsicher werden, und manche »arbeiten« dann in Folterkellern oder Schützengräben wie früher in Autowerkstätten oder Tischlereien.

In der jüdischen Mystik, in der Kabbala formte sich eine kühne Erzählung, die versuchte, das Böse ganz aus der Gottheit selbst zu erklären. Auf Isaak Luria, der auch »Ari«, der Löwe, genannt wurde und im sechzehnten Jahrhundert in Safed wirkte, geht sie zurück. Der mystische Lehrer löste das Böse nicht aus einer guten Schöpfung heraus, sondern er wollte es in ihr verstehen. So heißt es in der Lurianischen Kabbala, daß die erste Schöpfungsbewegung der unendlichen Gottheit, des *En-Soph* als eines grundlosen »Ungrundes«, das sogenannte *Zimzum* gewesen sei – eine Kontraktion, eine schnelle, sich einkrampfende Selbstfindung, ein Atemzug, hinein in den »Gott«, der sich darin verdichtete und so erst zu »Gott« wurde. Er bildete »sich«, holte sich selbst ein und erkannte sich von einem nun eigenen Bezirk her als »alles in allem«. Er sog sich gewissermaßen in sich selbst ein, und nur so konnte er der Ursprung und das Wesen alles Geschaffenen werden als ein unergründlicher Kern und Spiegel seiner selbst.

Diese Zusammenziehung schuf wie jeder Puls und jede Unterscheidung notwendig eine Gegenfigur: Sie ließ etwas zurück, wo nun nichts war, Leere, nichtige Matrix des Dunkels, namenlose Finsternis eines Nicht-Gottes. Niemals wurde in der Religionsgeschichte der Gedanke einer Schöpfung aus dem Nichts so konsequent wie von Issak Luria gedacht. Denn vor dem schöpferischen Verströmen Gottes in sein Erscheinen stand eine Bewegung nach innen, die Einströmung des göttlichen »Ungrundes« in sich selbst, als Klärung und Manifestation des Gegensätzlichen. Im Anfang gab es nun zwei Anfänge:

Die Beschränkung der Gottheit auf »sich selbst« schuf ein Nichts, Finsternis, in die hinein sie sich nun ausdehnen sollte. Dem Inneren entsprach ein Außen, der Ausdehnung ein Unterdruck, der Setzung das Nicht-Gesetzte.

Doch war, wo Gott nun nicht war, das Widergöttliche. Mit dem »Gott« war sein Anderes geworden. Und dieses, wie sollte man es sich vorstellen? Als Mangel, als Fehlen, als Verwirrung – als böse verdichtetes Nichts, das in seiner eigenen Verneinung verharrte, als brodelnde Leere und fortwährende Selbstvernichtung, als die kosmische Tatsache des Todes.

So nannte Issak Luria das ursprüngliche Erscheinen Gottes auch »Wurzel der Strenge«. Richtender Zorn war im Inneren des Gottesabgrundes aufgebrochen. Denn nichts anderes hieß für den jüdischen Mystiker Gericht: eine Grenzziehung, die ein Wesen in seiner Gestalt bestimmte. Die Abgrenzung Gottes und die Hervorbringung des Gegengöttlichen waren somit Offenbarungs-, Schöpfungs- und Gerichtsakt *in eins*, ein Ja und ein Nein und beide ineinander gesprochen. In jedem Geschöpf erschiene nun jene göttliche, richtende Ursprungskraft der Abstoßung, der Abtrennung des Eigenen und des Verharrens darin, und so sei in allem immer auch eine tödliche Verneinung, eine Verwirklichung von Gottesferne, ein Ekel oder Haß, eine gewaltsame Selbstbehauptung und in der Folge das Sterben.

Indem Gott sich in einem zweiten Strahl öffnete, als lebendiger Daseinsgrund, und in den chaotischen Zorn ein gestaltendes Licht trat – und es war doch derselbe Vorgang, so wie Helligkeit und Wärme einem fortwährend vernichtenden Feuer entspringen – war ein Werden eröffnet, ein Weltgang. Zusammenziehung und Ausdehnung, Ebbe und Flut waren entstanden, und dessen Einheit war organisch, eine kosmische Atmung. Alles war nun Mischung, war im Übergang, alles war zweideutig – im Gedeihen ein Zerstören, in der Liebe ihr Objekt, im Erbarmen die Selbstbezogenheit, im Schönen das Widerwärtige.

Wenn Gotteskraft und Nichts im Geschöpf einander berühren, dann erhält das Fehlende eine Form, doch ist sie flüchtig und vergänglich und gefährdet. Dann können aus Engeln im Fall Dämonen werden. Da kann der weiße Stamm einer Birke, als wiegender Gottesgedanke, zu sprödem Holz werden, in dessen Rissen sich Parasiten einnisten, gegenläufige Gestalten des Nichts, die doch selbst wieder filigrane Lebewesen sind in ihren fädigen Kursiven. So kann dann auch, wie Issak Luria beschreibt, ein göttliches Wesen seinen wahren Ursprung vergessen und dem eigenen Unterdruck, einer inneren Leere folgen – und sich abkapseln und in Schlaf fallen und verzweifeln und an sich selbst irre werden. So geschah es mit dem Menschen, dem *adam*, dem vom Staub Genommenen, der nichts anderes war als ein Bild, in dem Gott sich selbst sah, eine Art erdiger Traum Gottes, wogend im Unerkennbaren. Er wendete sich ab, implodierte im Eigenen, und Gott verlor sein Bild und Widerschein. Der Mensch – nun verschlossen in sich wie eine Abbildung ohne Bildsinn, wie ein Gesagtes ohne den Impuls des Sagens, als sei da nur noch Farbe oder bedrucktes Papier, ein abgelegter Text oder ein digitaler Datenstrom: Der Gott aber zittert, bebt in Liebe und Zorn, in Zerstörungswut und Zärtlichkeit.

Wohin weist diese Erzählung Issak Lurias, die sich in Widersprüchen verfängt und findet? Woher speist sich ihre Energie? Der Kabbalist meinte eine fortschreitende Klärung im Inneren der Gottheit zu erkennen. Denn das Böse läge ja im Wesen des Geschaffenen begründet, es wäre im fortwährenden Schöpfungsakt selbst verborgen. In allen Kreaturen *mußte* ein Mangel oder Unvollkommenes zu finden sein. Denn der Schöpfung lag keine Verdoppelung der vollkommenen Gottheit zu Grunde, sondern deren Selbstbeschränkung im *Zim*-

zum. So gesehen *wird* das Böse erst in seinem ganz Leerschmerz in der Schöpfung, es wird in den Geschöpfen identifizierbar – und nur so kann es auch überwunden, eingeholt werden, indem es sterbliche Gestalt wird, nichtig Eigenes und darin eingeschlossen, dann wie ein Fremdkörper verkapselt und ausgestoßen. Dann bleibe weniger als Staub, weniger als ein *caput mortuum* – sondern einfach nichts, für sich und rein und von allem geschieden. Das Leben aber der Geschöpfe, der göttliche Ausdruck, wäre durch den Tod hindurch gerettet.

DIE KNOTENWESPE. – Einmal sah ich, die Blicke geschärft durch Lektüren, wie eine Knotenwespe mit chirurgischer Präzision ihren langen Stachel unter den Chitinpanzer eines Käfers stieß. Sie injizierte ein Nervengift in die Ganglien des goldgrün glänzenden Passanten auf einem Sandhügel. Plötzlich aus der Luft herabgestoßen, trat sie dem Käfer hart auf den Rücken, um dessen Gelenke am Bauch für Sekundenbruchteile zu öffnen, und stach ihm dann blitzschnell dreimal in den Leib. Dann hob sie den rasch bewegungsunfähig gewordenen Todeskandidaten auf und trug ihn in ein frisch ausgehobenes Sandloch. Da lag er wie ein Patient im Wachkoma.

Die Wespe aber, so hatte ich gelesen, würde nun sorgsam ihre Eier zu dem Käfer betten und die Höhle mit Gras und Erde abdecken. Ihre Larven würden nach wenigen Tagen schlüpfen, in den Gelähmten eindringen und ihn langsam von innen auffressen. Seine Muskeln blieben geschmeidig, die Glieder biegsam, die Organe durchblutet, denn er lebte noch – es war die vollkommene Konservierung eines Vorrats.

Warum dieses grausige Schauspiel? Und was geschieht, wenn eine Knotenwespe keinen Wirt findet? Wenn sie nicht weiß, wohin mit ihren Eiern? Dann schlüpfen die Larven in ihr und fressen die eigene Mutter auf.

Fröhliche Urständ

DER HEXENBESEN ZWEI. – Es gab ein zweites Bild, das der Löwe aus Safed Isaak Luria und seine Schüler in ihrer spekulativen Mystik entfalteten, um die bedrängenden Widersprüche im Weltgefüge und das viele Leid zu verstehen. Sie beschrieben einen Zwischenfall in der Ausatmung: Als das ursprüngliche Licht allseits und schnell ausströmte in der Manifestation Gottes, da gaben ordnende Grenzen nach, fielen Wände und Dämme ein, zerrissen Hüllen. Eine chaotische Gottesflut ergoß sich, im »Bruch der Gefäße« zersplitterte das Licht, und es mischte sich in tausend Funken und Reflexen mit den »Schalen des Bösen«.

So entstanden aus den zerstreuten göttlichen Fragmenten im Abgrund die zerstörerischen und dunklen Kräfte im Universum durch Verwirbelung und Vermengung. Aus der Fülle Gottes in seinem Erscheinen verlor sich ein heller Staubstrom, verirrten sich lauter winzige Seinspunkte ins Nichts, sie gerieten in Fremde und Blindheit und Scheinbarkeit. So trat Böses, eigentlich ungestalt und nichtig, ins faßliche Dasein, in »Schlacken« als »Abfall« der Schöpfung. Funken des göttlichen Lichts aber waren überall verstreut und stiebten durchs Dunkel. Bis in die letzten Winkel des Kosmos fanden sich feinste Splitter Gottes, glimmende Seelen.

Da begann die Zeit der erlösenden Sammlung, der Reinigung und Klärung, der Heimholung des Verlorenen in die Gottheit. Das Wiederfinden des ursprünglich Einen und Ganzen, die Verwirklichung des organischen Zustandes, auf den die Schöpfung eigentlich zielte, nannten die Kabbalisten *Tikkun*. Wesentlich war die langwierige und schwierige, fast unmögliche Trennung von Licht und Finsternis.

Was der sich selbst entfremdete Mensch, nicht mehr als ein Widerschein und dunkle Maske eines verborgenen Seelenfunkens, dafür tun und lassen könne, darin lag das eigentliche Interesse der Kabbalisten; ihre kosmogonischen Entwürfe bildeten nur ein Detail, waren Wegweiser eines spirituellen Aufbruchs. Ihre konkrete Mystagogie war der christlichen Mystik nicht unähnlich – beide erkundeten sie Wege, um in einen Zustand vor aller trennenden Gestaltwerdung, vor aller Unterscheidung in dies und das, vor die Abtrennung des Ichs als eines Selbstbewußtseins zu gelangen. Im *Lassen* vor allem, in der sich allem öffnenden Liebe suchten sie zurück in die Einheit Gottes, und das hieß: in die Menschengestalt als eine seiner ersten Artikulationen.

Nun hat es mich weit in spekulative Theologie getrieben in meinem Nachdenken über Anfänge. Ich muß gestehen, da mich solche bildhaften Ausflüge ins Undenkbare wie die der Kabbalisten faszinieren, denn sie sind im Kern poetisch. Sie schicken Bilder aus wie Erkundungen, abenteuerliche Expeditionen in den unmenschlichen Raum, sie atmen und suchen den Atem in allem.

Wenn der Mensch zu erzählen beginnt, sind die Enden offen. Nie kann eine Geschichte wirklich begründen, wo sie ansetzt. Immer schon spricht es, bevor der Erzähler anhebt, und er lauscht, gar seiner eigenen fremden Stimme. Der Anfang gehört ihm nicht, sondern er kann ihn nur im Nachhinein konstatieren: Etwas war plötzlich da, und es erwies sich als ein Ursprung. Das Ende einer Geschichte aber ist dann immer ein Abbruch, so vollendet sich auch die Linien sammeln mögen, und hinaus weist die unabschließbare Imagination des Möglichen.

So aber schwimmt auch alles religiöse und mythische Erzählen wie Schaum auf dem Strom der Erscheinungen, die eine Erklärung fordern. Der Mensch denkt *nach*, liest Spuren und Fährten, sinnt hinterher. Aber das Unerklärliche liegt vor ihm.

Nicht Gedankensysteme und Mythen bilden den Leib der Religion, sondern das Schrittmaß ins Unbekannte, diese schutzlos ausgesetzte innere Bewegung. Diese hat den religiösen Menschen schon erfaßt, wenn er beginnt *nach*zudenken, und sie kann sich in ihm auch dort noch fortsetzen, wo der Zweifel alle Gewißheiten zerstört hat. Begriffe, die Rituale und Mythen sind nicht mehr als Geländer, die sich die Gläubigen bauten, weil das Terrain doch so unsicher war – dann konnten sich Nachlaufende daran festhalten. Aber waren diese Stangen jemals irgendwo im Boden verankert?

NOCH EINMAL ZURÜCK ZUM RATIONALISMUS. – An den Abenden wurde bei Ostwind das Grollen von der nahen Autobahn her lauter. Ich hatte keine rechte Erklärung dafür, warum sich mit der Dämmerung der Lärm der Fahrzeuge verstärkte. Laster an Laster quälten sich den Kamm zum Gebirge und zur Grenze hinauf. An ihnen rasten PKWs vorbei, hörbar im Hof als ein helles Sirren. Die Piste war so in den nur wenige Kilometer entfernten Sattel gesprengt, daß sich die Scharte im Berg genau nach Westen zu jenem Hochtal hin öffnet, wo unser Haus steht. So wird es hier bei bestimmtem Wind laut, dann nämlich, wenn im Sommer die trockene Hitze und im Winter der harte Frost von Osten aus dem Böhmischen Becken steigen.

Manche Getriebe der LKWs, welche die Bauern am Klang identifizieren können, heulen schrill, andere tief, andere jaulen, und es entsteht ein vielstimmiger maschineller Chor. Er verschwimmt mit den Reifengeräuschen und dem Wind. An manchen Tagen kann ich die lärmenden Kolonnen wie Meeresrauschen wahrnehmen, dann wieder ist es wie ein bedrohliches Beben, fernes Hallen der westlichen Zivilisation, deren Güter zirkulieren in aufgepeitschtem Puls.

Während der panischen Grenzschließungen in der Corona-Zeit blieb das Lastergewimmer aus, und es war tagelang still. Die Piste war fast leer, und die Füchse und die Bussarde verließen die Randstreifen und kehrten in die Wälder zurück, denn sie fanden am Asphalt keine Kadaver mehr. Nun fielen mir die Funkmasten und Antennen, die schon immer neben der Fahrbahn auf den Hügeln gestanden hatten, deutlicher auf. Sie waren unscheinbar, oft kaum zu erkennen, auch ganz und gar stumm, sie kündeten von einer anderen Dimension der Beschleunigung. Diese hatte sich entkoppelt von der sinnlichen Welt, von Rohstoffen und Produkten, die in Containern transportiert wurden, von Materie und Form und dinglicher Habe. Der technische Zugriff auf die Welt würde sublimer, meinte ich, feiner, versteckte sich immer mehr und erstreckte sich nun auch ins Innere der Menschen. Mittels unanschaulicher Codes und komplexester Rechenoperationen würde tiefer gebohrt, gewaltiger gebaut, engmaschiger organisiert und hierarchischer verwaltet als je zuvor in der Geschichte. Denn waren die Verheißungen der Technik nicht seit jeher auf die Unendlichkeit gerichtet? Auf das Unsinnliche, auf die Erfüllung einer in den Geräten selbst nur angedeuteten Vollkommenheit? Die schnittigen Autos, die leuchtenden Smartphones und Navigatoren, die satellitenbeäugten Laster, die Helikopter der Grenzpolizei mit ihren langgestreckten Hinterleibssegmenten – sie alle deuteten auf etwas hin, das ausstand. Sie waren Figuren, die unentwegt über ihre Gestalt hinauswiesen. Hatten sie denn noch etwas zu tun mit den realen Bedürfnissen von lebenden Menschen? Oder hatten sich eschatologische Sehnsüchte in eine neue Haut geflüchtet, in eine glänzende und lautlose, künstliche messianische Form? Ein transhumanes Auferstehen? Waren die fernen Toten im Dienst an der steten Verfeinerung und Erweiterung technischer Möglichkeiten, die verschütteten Sklaven in Kobaltminen, die hungernden Fischer an versuchten Flüssen oder die langsam vergifteten Kinder, die mit bloßen Händen auf Müllgebirgen nach Verwertbarem suchten,

Fröhliche Urständ

die sich in Abfälle wühlten wie Käfer, Opfer für eine entäußerte Utopie, für eine kommenden Einheit der Welt in Kommunikationsnetzen und ihre Verschmelzung mit der Natur, für eine religionslos religiöse Endzeithoffnung? In einem globalen Kult? Denn »alles in allem« sollte nun Information sein? Die Information aber zu steuern, wäre der Weg zu unermeßlicher Macht und Reichtum, und es dämmerte ein »tausendjähriges Reich« der Wissenden?

Literatur

Jakob BÖHME, *Werke. Morgen-Röte im Aufgangk*, herausgegeben von Ferdinand von Ingen, Deutscher Klassiker Verlag, Frankfurt/M. 2009, S. 463, 470 und 493.

Maurice MERLAU-PONTY, *Phänomenologie der Wahrnehmung*, übersetzt von Rudolph Boehm, Berlin, Verlag Walter de Gruyter, 1966, S. 218.

ARISTOTELES, *Über die Seele, De anima*, Griechisch – Deutsch, übersetzt von Otto Appelt, Hamburg, Meiner Felix Verlag GmbH, 1995, S. 83.

Gershom SCHOLEM, *Die jüdische Mystik in ihren Hauptströmungen*, Suhrkamp Verlag, Berlin, 2015, S. 288ff. und S. 291ff.

ATEM

Sprache an der Grenze
zwischen Eigenem und Fremdem

> Der Lungenbaum / die Linde / atmet ein.
> Die Blätter zittern / und der Wind dringt tief.
> Weit draußen war der Baum und drinnen schlief
> Die Wurzel / das Erinnern im Gestein:
>
> Dort ist die Luft im Haargewirr zu Haus.
> Dort ruhen / ungeschieden / Tag und Nacht.
> Dort ist das Wachsende schon stumm gedacht.
> Der Lungenbaum / die Linde / atmet aus.

Um Bewegungsformen soll es in dieser vierten Vorlesung gehen, die ebenso aktiv wie passiv sind und das poetische Schreiben wie das Gebet prägen. Sie werden als Rhythmen wahrgenommen, als Puls, als Schrittfolgen, als Atemzüge, als Verwehungen.

Der Rhythmus der Verse ist dem Atem verwandt. Er fußt, wie jeder Rhythmus, auf Wiederholung. Die Regeln werden durch die Metrik beschrieben. Das Wort Vers, lateinisch: *versus*, meint ursprünglich das Furchenpaar. Am Ende seiner Fahrt über das Feld kehrt der Pflug um. Er macht eine Kehre – und genau dort entsteht der Vers. Er besteht in der Wiederholung – nicht des Gleichen, aber des Ähnlichen.

> Der Lungenbaum / die Linde / atmet ein.
> Die Blätter zittern / und der Wind dringt tief.
> Weit draußen war der Baum und drinnen schlief
> Die Wurzel / das Erinnern im Gestein:
>
> Dort ist die Luft im Haargewirr zu Haus.
> Dort ruhen / ungeschieden / Tag und Nacht.

Atem

Dort ist das Wachsende schon stumm gedacht.
Der Lungenbaum / die Linde / atmet aus.

Ähnliches wird metrisch zusammengebunden – das Geheimnis einer anderen Ordnung der Sprache erscheint. Der Schweizer Komparatist Hans-Jost Frey schrieb: »Das rhythmische Gesetz des produktiven Schreibens läßt in jedem Augenblick der Textentstehung das Bevorstehende aus dem hervorgehen, was schon dasteht. Rhythmisch schreibt, wer die Sprache nicht benützt, sondern sich in ihr bewegt und sich von ihr bewegen läßt, in absichtsloser Voraussicht findend, ohne gesucht zu haben und heimgesucht werdend, ohne auf das Erfinden zu verzichten.«

Damit ist mehr gemeint als eine Technik, hier geht es um eine Daseinsweise der Sprache, um ihre Lebendigkeit, und was Frey schreibt, läßt sich wohl ohne Mühe auf die religiösen Formen übertragen, die wie kaum andere von Wiederholungen leben und sich findend vorfinden und heimgesucht werden vom Unerfindlichen. Alles steht schon da, und noch nichts ist gesagt. Aber schauen wir genauer hin, wie sich die Sprache bewegt, wenn es sie an den Rand des Sagbaren verschlägt.

1. Gehe hinüber

In jeder starken Erfahrung gibt es zwei Pole, wie aufgeladene Kondensatorplatten, und was wir erleben, leuchtet im Zwischenraum als eine Entladung auf: Es hat immer eine passive und eine aktive Dimension, das Widerfahrnis einer Fremde und deren Deutung in sprachlichen, bildlichen oder rituellen Mustern. Äußeres Geschehen und innere Antwort, Überraschung und deren Verständnis verschmelzen zum Eindruck.

Viele Religionen haben diesen Zwischenraum zwischen dem Einbruch des göttlichen radikalen Fremden und der eigenen Deutung dessen bis hin zur Konstruktion von Wirklichkeit mit Wesen gefüllt, die selbst beide Seiten angehören, den Engeln. Sie scheinen notwendig in den Zeichenhaushalt von Religionen zu gehören, und auch für die Dichtung sind sie, in anderer Sprachgestalt, wesentlich. Hier werden sie wahrgenommen als Inspiration, als überraschende Einfälle, Ideen, als assoziative Überraschungen. Wo kommen diese her? Aus dem Innern? Von außen? Beides.

In den Religionen werden diese Zwischenwesen agil, sobald sich »Gott«, wie ich unsicher sage, löst aus der Betrachtung und in mir Erfahrung werden will. Sie nisten sich ein in Rissen und Übergängen. Oder beginnen hier bereits die fragwürdigen Hilfskonstruktionen? Engel sind merkwürdig haltlos. Sie sind Bewegungsformen, keine umschriebenen Körper. Sie ziehen unentwegt »hinüber«, treiben in die Transzendenz oder von ihr her, ohne jemals anzukommen. Denn ihr Ankommen ist kein lokalisierbarer Zustand, sondern ereignet sich als Energie und Möglichkeit. Sie sind hier und dort und dort und hier. Sie haben keinen bestimmten Aufenthalt. Sie können nur punktuell erkannt werden, und dann auch nur schattenhaft, innerhalb einer bestimmten Vorstellungsform, denn sie haben eine Unschärfe, wie Elektronen, die als Teilchen oder Wellen beschrieben werden können.

Anders gesagt: Engel sind Kurzschlüsse, blitzartig gezündet zwischen unvereinbaren Polen, als Wunder, Unvorsehbares, als Verwandlungskräfte. Sie durchschlagen schockartig die gewohnten Verläufe. Da fallen Gegensätze in eins, und es zuckt, eine Entladung, ein Anfall, Aufschrei durch die Wirklichkeit, die für Bruchteile von Sekunden ein zitterndes Ganzes wird.

Aber was folgt? Menschen meinten, Engel gesehen zu haben, und was sie sahen, verschwand doch vor ihren Augen, weil sie – wie sie später erkennen mußten – alles Gesehene in das ganz Alltägliche und Erklärliche *hinein*gesehen hatten.

Sie stellten ernüchtert fest, daß da nichts gewesen war. Und doch sind sie andere geworden.

Denn Engel sind das, *als was* sie erscheinen. Sie sind so eindeutig wie metaphorisch, so gewiß wie vernünftig unhaltbar. Was sie sind, fließt ins Offene aus. Sie sind Verweise und in ihrer Gestalt nie geronnen, erscheinen als dies und das, sind fraglos gewiß und zugleich unwiderlegbar eine esoterische Spinnerei.

Sie sind, könnte man sagen (und auch solchen Übersetzungen gegenüber bleiben sie stumm), mythische Personifizierungen jener Grenzlagen, in denen sich der sprechende, denkende Mensch findet, sobald er Fremdes realisiert – und man meint ihr Rauschen zu hören, wenn Bernhard Waldenfels fragt: »Doch inwiefern sind Grenzen Bestandteil der Erfahrung? Wären sie der Erfahrung gänzlich fremd, so wären sie nicht mehr als Außengrenzen erfahrbar; wären sie ihr völlig zugehörig, so wären sie keine Grenzen der Erfahrung mehr, sondern nur noch Binnengrenzen. Als Grenzwesen ist der Mensch in einer heiklen Zwischenlage, die ihn weder im Innen noch im Außen zur Ruhe kommen läßt.«

Deshalb sind die Engel für mich wichtige Phänomene, wenn ich über Religion und Poesie nachdenke. Sie markieren den unmöglichen Ort, wo die radikale Fremde Gottes Erfahrung werden will oder zu werden scheint. Sie bewohnen zugleich das poetische Grenzland, wo Sprache auf das Ungesagte, vielleicht Unsagbare trifft. Engel tragen in sich selbst den Riß zwischen dem antwortenden Verstehen, das sie *als etwas* erfaßt, und dem Einstich des Unbekannten. Der Horizont ist ihr Körper. Sie sind sagbar, indem sie auf das Unsagbare zeigen – und darin verschwinden. Ein Engel ist eine Chiffre für die Erscheinungsweise der Transzendenz *als Überschreitung*. Hören wir auf einen Zeugen, auf Franz Kafka. Er schreibt in der kleinen Prosaminiatur »Von den Gleichnissen«:

»Viele beklagen sich, daß die Worte der Weisen immer wieder nur Gleichnisse seien, aber unverwendbar im täglichen Leben, und nur dieses allein haben wir. Wenn der Weise sagt: ›Gehe hinüber‹, so meint er nicht, daß man auf die andere Seite hinübergehen solle, was man immerhin noch leisten könnte, wenn das Ergebnis des Weges wert wäre, sondern er meint irgendein sagenhaftes Drüben, etwas, das wir nicht kennen, das auch von ihm nicht näher zu bezeichnen ist und das uns also hier gar nichts helfen kann. Alle diese Gleichnisse wollen eigentlich nur sagen, daß das Unfaßbare unfaßbar ist, und das haben wir gewußt. Aber das, womit wir uns jeden Tag abmühen, sind andere Dinge.« Franz Kafka läßt einen Weisen auftreten und sehr unbestimmt sprechen: »Gehe hinüber«. Das große Thema der Religion, die »andere Seite«, verliert sich hier im Nebel, wird leichthin zu etwas Vagem, zu einer langsamen und unsicheren Bewegungsform. Was ist denn auch dort drüben? Wir schauen in eine merkwürdige Leere. Niemand kann etwas davon sagen – auch der Weise nicht, denn er ist hier wie wir und weist nur hinüber. Wer wirklich seinen Worten folgen und sich auf den Weg machen würde, hätte kein verläßliches Ziel, ja könnte nicht einmal einen Sinn des Aufbruchs benennen. Ein Laufen »dorthin« ließe alle vorausgreifenden Begriffe und Erwartungen hinter sich.

Die Pragmatiker, die Kafka sprechen läßt, und die darauf schauen, »womit wir uns jeden Tag abmühen«, die Diesseitsmenschen bleiben auf der Stelle. Sie halten das »Drüben« für generell nutzlos, ohne es zu kennen. Aber die religiösen Ideologen verharren ebenso, weil sie dogmatisch das »Drüben« bereits »hierher« geholt zu haben meinen in ihre »religiösen Wahrheiten«.

Nein, was der Weise anzubieten hat, ist nur eine Zeigegeste: »Dahin!«, über die Grenze, über den Horizont.

»Darauf sagte einer: ›Warum wehrt ihr euch? Würdet ihr den Gleichnissen folgen, dann wäret ihr selbst Gleichnisse geworden und schon der täglichen Mühe frei.‹

Ein anderer sagte: ›Ich wette, daß auch das ein Gleichnis ist.‹

Der erste sagte: ›Du hast gewonnen.‹

Der zweite sagte: ›Aber leider nur im Gleichnis.‹

Der erste sagte: ›Nein, in Wirklichkeit; im Gleichnis hast du verloren.‹«

Der Text bleibt offen, rätselhaft, läßt die unterschiedlichsten Folgerungen zu. Uns fehlt der Schlüssel. Wer dem Weisen wörtlich glaubte und losginge, geriete in zweifelhafte Unruhe, eine Getriebenheit. Ihm stünde kein verwertbares Wissen, schon gar keine begriffliche Metaebene zur Verfügung und nichts, was von seiner riskanten Bewegung selbst zu lösen wäre. Denn *hier*, wo ich bin, ist zumindest ein konkreter Ort, und *dort* nur von *hier* beschreibbar. Die Grenze zwischen beidem verschiebt sich noch im Gehen. Der stets bewegliche Spalt zwischen Diesseits und Jenseits schließt sich nie. Wahr wird das *Dort* im Gehen von *hier* hinüber, ein Laufen im radikalen Wagnis, das von keinem vorstellbaren Ziel gemildert wird.

Ohne zu wissen wohin, aber gehen: Das ist eine uralte spirituelle Erfahrung. Kein Wissen hilft und kein Dogma auf dem Weg, dem »schmalen Pilgerpfad«, hinaus »in eine dunkle Nacht«, wie es Juan de la Cruz dichtete, ziellos auf das Ziel zu, und »auf dem Weg stehen bleiben, heißt zurückgehen«, so Meister Eckhart. Kafkas Sätze bewegen sich an einer Schwelle, wo sie nur verstummen können.

»Dahin!«, die Wortgeste, »Gehe hinüber« – sie markieren auch die Atemzüge des Gedichts, das Schrittmaß seiner Versfüße, und das meint noch gar keine religiöse Verortung, denn auch das Adjektiv »religiös« kann das »dahin« nicht einfangen, handelt es sich doch um eine Bewegungsform ins Offene. Nichts, kein Sterbenswörtchen, garantiert für die »andere Seite«. Sie läßt sich nur gehend erkunden. Dichter gehen nach Sicht, sie wissen in aller Regel nicht wohin. Betenden geht es nicht anders. Und niemand wird ein Gedicht verstehen, der nicht selbst ihren Raum betritt mit seinen eigenen Erfahrungen und Assoziationen und der Bereitschaft ins Offene zu lauschen.

Aber worin genau bestehen die Schrittfolgen an der Grenze des Sagbaren? Sie ähneln Atemzügen. Sie bilden sich als Fremde im Eigenen und Spuren des Eigenen in der Fremde. Sie zeigen sich in der Imagination, als lebendige Metaphern »in absichtsloser Voraussicht findend, ohne gesucht zu haben und heimgesucht werdend, ohne auf das Erfinden zu verzichten«, und ich muß von Erinnerungen sprechen, in denen mir etwas davon klar wurde:

2. Cor fingens

Naß und schmierig lagen die Straßenplatten vor mir. Ein Stoß von der Seite, als ich fast blind an den Posten vorbei durch das Tor lief, ließ mich straucheln: »Christian, jetzt geht's ins Freigehege!« Neben mir tauchte das scharfgeschnittene Gesicht eines Freundes auf, der mit mir die letzten Wochen als Bausoldat in den Leunawerken die Stube geteilt hatte; auch seine dunklen Augen waren glasig.

Über dem grobkörnigen Beton, auf dem wir wochen-, monatelang marschiert waren oder in Reih und Glied gestanden hatten, schwirrt für mich bis heute in der Erinnerung das helle Doppelschlagwörtchen »Freiheit« auf der Stelle. Die Piste führte heraus aus einem Kasernenkarree von vier Plattenbauten, wo sich dem Blick aus dem Fenster unseres kleinen

Atem

Zimmers mit drei Doppelstockbetten ein mondähnliches Ödland eröffnete, das niemand der Realität zurechnen mochte. Ich hatte als Wehrdienstverweigerer auf Baustellen der NVA gearbeitet, hatte mit Spitzhacke und Spaten Kabelgräben geschachtet, war in meinem Gefühl noch, wie ein abgespaltenes Relikt meiner selbst, eingeschlossen in den Vollschutzanzug bei einem nächtlichen Einsatz vor wenigen Tagen. Wir waren nachts im Gleichschritt vorbei an flammenden Schloten und Dampfwolken durch Leuna gezogen. Die Chemieanlagen waren sichtlich in einem katastrophalen Zustand, heruntergewirtschaftet zu gefährlichen Industrieruinen. Es zischte und dampfte überall aus undichten Ventilen und lecken Rohren. Wir waren abkommandiert, um unter Gasmasken nach einer Havarie eine warme zähflüssige Substanz, die an der Luft kristallisierte und Stiefel und Handschuhe verklebte, in Tonnen zu schaufeln. Niemand wußte, was da woher ausgelaufen war. Jetzt wurde ich, ohne Zeitgefühl und ohne Richtung, entlassen, in den Augenblick – jetzt? Noch im Schaufelrhythmus, jetzt, wie noch immer unter den beschlagenen Augengläsern der Gasmaske, im April 1989, zog ich in einen unbestimmten, nebligen Raum, in den Nieselregen, ins Freigehege der DDR.

Der Ausruf meines Freundes hatte eine genaue und schonungslose Wucht. Unsere Verunsicherung war zu groß, um einem Wort wie »Freiheit« zu trauen. Wohin führte es uns? In die Illusion? In eine Falle? In das verordnete Schweigen? In ein Gehege.

Was damals die sozialistische Diktatur war, kehrt verwandelt wieder – als schriebe die Geschichte rhythmisch und bände Ereignisse metrisch zusammen, reimte gar ähnliche Verläufe. Häufiger erzählen mir Jüngere, wie ihnen verfremdete Tonfälle der eigenen Stimme im Innern begegneten und wie sie sich und ihrer Wirklichkeit nicht mehr ganz trauten. Nicht die Mauern und Wachtürme eines totalitären Staates, nicht die Enge einer Ideologie verwandeln Freiheitsräume in ein Freigehege – jedoch der vermeintlich Freie selbst, der diesem »sich selbst« folgt und nicht mehr genau weiß, was das bedeutet. Um ihn wuchert ein Wort- und Nachrichtendickicht, das Wesentliches oft verschüttet und alles, was geschieht, bereits deutet und manipuliert. Stets ist es schon besser im Bild und reicht weiter, als er sprechen kann, als »er selbst« Worte hat. Dieses »Gehege« ist mobil und unglaublich schnell – der »Freie« kommt meist zu spät. Dann ist schon gesagt, was er denken könnte, und er fühlt sich selbst wie verschlüsselt.

Wer bin ich? Diese erste unsichere Frage eines jeden, der über die Freiheit nachdenkt, finde ich in früher Klarheit bei Luther, jenem Denker an der Schwelle neuzeitlicher Subjektivität. Was ist für ihn der Mensch? »Animal rationale, cor fingens«, ein Tier mit Vernunft und einem Herzen, das dichtet, das Bilder findet und »fingiert«, so sagte er in einer Vorlesung 1536 zum Buch Genesis. In dieser dissonanten Formulierung senkt Luther den Menschen ganz ins Tierhafte ein und findet ihn zugleich in einer anderen Sphäre, sieht ihn mit den Engeln, den Boten aus dem Zwischenreich des Möglichen und Verborgenen, flanieren ins noch Ungewordene. Der Mensch, zu Hause in der Einbildung wie im Wirklichen, kommt zu sich selbst in einem Puls: Idole, Utopien, Metaphern, Jenseitsvorstellungen, Entwürfe von Lebenszielen, von Sorgen oder Glück entstehen in ihm und formen ihn ebenso wie seine Reflexionsgabe von Tatsachen und seine Körperlichkeit. Der Mensch ist nicht nur ein Lebewesen mit Vernunft, wie Luther in traditionell aristotelischer Weise formuliert, er ist zugleich nicht ganz in der Gegenwart und in den Fakten, in den Analysen und im Machbaren zu Hause; seine Fühler streckt er ins Imaginäre, in ein Dichten und Bilden und Schauen des noch nie Gesehenen, des Undenkbaren.

Das betrifft bei Luther auch den Kern der religiösen Existenz: »Fides creatrix divinitatis«, sagt er, der Glaube ist der Schöpfer der Gottheit. Jeder Glaubende dichtet und bildet sich seinen Gott, seine Gottesvorstellung. Poesie ist dem Glauben zu eigen wie der Atem dem Leben. »Gott«, das ist eine riesige Galerie von Bildern, fiktiv und schön, die soviel sichtbar macht, wie sie verbirgt.

»Animal rationale, cor fingens« – so sind die Mächte und Gewalten, die Engel und Thronoi vom Menschen her gedacht »fingierte« Verkörperungen, es sind Hypostasen seiner Freiheit. Sie kommen ihm entgegen als fremde Kräfte des ungeahnt Möglichen, göttliche, verwirrende Aufbrüche, und diese geschehen in ihm, erfahren etwa als ein tieferes Wesen und Wahrhaftigkeit, als Träume und Sehnsüchte. Freiheit und Engel sind vielfach Synonyme. Sie geben dem Ausdruck, was der Mensch eigentlich ist: Ein anderer, als er gegenwärtig ist. Sie sind Teil einer Anthropologie, die mit Erlösung und Vollendung rechnet und Hoffnung kennt.

Nach meiner Entlassung als Bausoldat im Frühjahr 1989 arbeitete ich für einige Monate in einem psychiatrischen Pflegeheim. Ich suchte die krankhaften Verzerrungen, um mich in die Normalität und deren Scheinbarkeit in einem zerfallenden System fügen zu können. Jeden Morgen um sechs Uhr begrüßte mich an der stahlbeschlagenen Tür zur geschlossenen Station ein kleiner rundlicher Mann mittleren Alters in einem tiefblauen Bademantel, über den er einen roten Schal geworfen hatte. Er setzte sich dann meist zu mir, wenn ich im Vorraum das Frühstück für die Patienten zubereitete, und was er mir immer wieder erzählte, klang so: »Sie sind der einzige, zu dem man hier offen sein kann. Das habe ich gleich gesehen. Ihnen kann man vertrauen. Wer hat Sie geschickt? Seien Sie ehrlich! Nein, schweigen Sie! Es ist sicherer, und ich weiß ohnehin, daß es kein Zufall ist, daß Sie hier sind. Ich werde an Sie denken. Auf jeden Fall werde ich an Sie denken, wenn das alles vorbei ist. Sie müssen wissen«, und nun kam er nah heran und flüsterte mir ins Ohr, »daß eine Aktion läuft, um mich hier zu befreien. Ein Ballon soll starten, der auf den russischen Radarschirmen nicht zu sehen ist. In Frankreich arbeitet der Geheimdienst daran. Wissen Sie, ich bin nämlich ein Baron aus sehr altem bretonischem Adel. Die Kommunisten haben mich hier eingesperrt.« Der Mann galt bei den Schwestern als unberechenbar und stand unter besonderer Beobachtung. Er schlief wie alle auf der Station in einem Viererzimmer hinter vergitterten Fenstern und wurde abends mit Beruhigungsmitteln stillgestellt, manchmal auch angeschnallt. Ich hörte seinen Geschichten gern und aufmerksam zu, wenn er ruhig und ausfernd erzählte von seinen Schlössern und Verwandten, von seiner Kindheit mit einem Prinzenerzieher und Jagden, von französischer Küche und seiner verhängnisvollen Reise in die DDR, um Deutsch zu lernen, von einer unterstellten Agententätigkeit, den Folterungen mit Bügeleisen und Kabelpeitschen durch die Stasi und einer Morddrohung durch Mielke persönlich. Ich sagte nichts dazu. Einmal sah er mich lange an und meinte plötzlich: »Sie glauben mir nicht. Woran lohnt es sich denn aber auch zu glauben?«

Da war sie, dachte ich damals, die Kraft der Imagination. Da war sie, die Metapher, die sich in ihrer Übertragung nicht auf eine »uneigentliche Rede« beschränken ließ, sondern die Wahrnehmung verwandelte. Der adlige Mann war ein ganz unsicherer Zeuge, unsicher wie ich selbst. Das »cor fingens«, das erfindende Herz, hat ein gebrochenes Verhältnis zum dem, was wirklich ist. Aber ich war doch damals ständig auf der Suche nach Ausdrucksformen, in denen ich mich freimachen könnte von der zementierten Wirklichkeit.

Das Bildersehen und -dichten, der poetische Puls des Sprachwesens Mensch, öffnet ihn für das, was nicht ist, und führt ihn hinaus. Wohin? In die Verunsicherung, in die Illusion, in die Lücken, wie sie das Wort »Transzendenz« als lateinische Verbalform (*transcendere*, überschreiten) meint: abenteuerliches Hinübergehen, eine Befreiung im Laufen, wenn einen nichts mehr, was zurückliegt, hält: »Und das geht also zu, daß ein Christenmensch durch den Glauben so hoch erhaben wird über alle Dinge, daß er aller ein Herr wird geistlich«, so wiederum Luther in seiner epochemachenden Freiheitsvision von 1520. Was ist aus dem Mann im blauen Bademantel geworden? Wurde er entlassen nach der Wende? Oder aufgegeben in seinen wirren Innenwelten? Als ich nach dem Zusammenbruch der DDR das Heim besuchen wollte, war es weitestgehend aufgelöst und die allermeisten Patienten fort und verlegt.

»Christian, jetzt geht's ins Freigehege!« Der Satz hallt nach. Die Zäune um mich werden heute wieder enger und in ihrer Bewehrung gefährlicher, weil unmerklicher. Wieder habe ich das Gefühl, daß das »cor fingens«, der Freiheitsraum des schöpferischen Menschen und seine Engelsnähe verteidigt werden müssen. Nur wogegen? Vor allem wohl gegen eine plumpe Macht der Fakten, die behauptet die ganze Wirklichkeit methodisch zu verwalten, gegen einen einseitigen Wissenschaftspositivismus, der sich mit Machtinteressen und Oligarchentum auch in unserem Land verquickt. Eine »feste Burg«, wie sie Luther besang, wird in meinen Augen heute wohl von einer sensiblen, ja dünnhäutigen Religiosität gemauert, die den Menschen nicht ganz »zu Hause« sein läßt »in der gedeuteten Welt« – gefugt nun aber als ein durchscheinendes, zerbrechliches, zitterndes Maßwerk, das gar keine Sicherheiten zuläßt, dafür aber Bewegungsräume.

Einmal war ich eingeschlossen in einer Dunkelzelle. Ich hockte zusammengekauert auf dem feuchten Betonboden irgendwo in dem Kellergeschoß einer Kaserne in Straußberg bei Berlin, und ich fror und das Zeitmaß ging mir verloren, während sich der hetzende, laute Herzschlag nicht zu einem Rhythmus beruhigte, dem ich mich hätte ergeben können. Das Schwarz, je länger es währte, wurde tiefer – und darin begannen Farben und Formen zu tanzen, Flammenringe, wie Reflexe der erinnerten Sonne. Was da in mir expandierte, grell und überwältigend, war haltlos. Der Eindruck war heftig wie ein Kopfschmerz. Halluziniertes Licht, eine panische Offenheit, sie brach in mir auf, tiefste Fremde im Eigenen, verstörend jenseitig und auf eine nie gekannte Art tröstlich, und ich nannte es später in meinem bilderschaffenden, engelsverwandten Herzen auch einmal »Gott«.

3. In der Dämmerung

Atmen ist niemandes Fähigkeit. Der Atem kommt aus mir, und zugleich bin ich in ihm, er geschieht unwillentlich, ist kaum zu steuern, ein fremder Impuls. Innerste Lebenskraft seit dem ersten Schrei, aber sie steht mir nicht zur Verfügung, durchzieht mich als ein Wehen, das ich nicht mein eigen nennen kann und das mich doch erhält. Atem holt Fremdes nach innen und läßt Inneres verströmen, doch löst sich der Atmende dabei nicht auf, verliert sich nicht, sondern findet erst seine Gestalt in rhythmischer Bewegung, eine Balance im Fließen. Im Atem erscheint die transzendentale Offenheit allen Lebens; was immer lebt, hat seinen Anfang außerhalb seiner selbst, und es ist nie völlig abzugrenzen, nie ganz bei sich.

Wo Menschen in ihrer Atmungsfähigkeit beschränkt sind, werden sie krank. Wo das Fremde nicht mehr ungehindert eindringen kann, bleibt auch das Eigene zunehmend äußerlich. Wenn sich das geistige Ich zum ontologischen Punkt verschließt, zum abgepufferten, methodisch verpanzerten

Atem

Selbstbehauptungsraum, wenn es alles mißt an sich selbst, an Nutzen und Lustgewinn und Erkenntnis, dann verläßt es die gemeinsame Strömungsform mit allem Lebendigen und mit dem Unsichtbaren. Wenn sich alle Wahrheit im »Ich« erweisen muß, wird es in ihm stickig. Dann sammeln sich Keime und schlechte Atmosphären. Dann bringen bereits kleinste Störungen die Balance aus dem Gleichgewicht, führen zu abstrusen Reaktionen, überschießenden Entzündungen. Der Eingeschlossene sucht dann geradezu die Infektion, die Verletzung, weil er sich wieder öffnen will, weil er Luft braucht, um zu atmen und um sich zu finden als den, der er ist und doch *für sich* nicht sein kann. Denn er muß strömen, muß werden und in der Welt sein, eingesenkt, einwohnend, eingetaucht. Weder außen, noch innen kommt der Mensch zur Ruhe, er ist zwischendrin, ein Dämmerungsbewohner. Deshalb ist seine Existenz in unseren Tagen auch so prekär. Ich will das kurz – zugegeben unsicher, ob das alles so stimmt – skizzieren:

Ja, nein. Finster, hell. Sichtbar, unsichtbar. Menschliche Wahrnehmungsweisen sind nicht nur naturgegeben. Sie werden heute zunehmend bestimmt von Rückkopplungseffekten aus der digitalen Welt. Binäre Codes prägen unseren Weltzugang. Null, Eins. Es ist, es ist nicht. Freund, Feind. Dabei gerät schnell in Vergessenheit, daß alles Wirkliche, wie auch alles Humane, eben aus dem Atem, aus Zwischenräumen kommt. Binäre Zeichen können sie nur in grober Annährung abbilden. Denn immer kommt »etwas« noch Fremdes, Unbestimmtes, gar Unvorhersehbares auf uns zu und wird »als etwas« wahrgenommen, benannt und der Erfahrung zugerechnet. Außen und innen, Bild und Bildung, Widerfahrnis und dessen Deutung sind nirgends rein und unvermischt, sind nicht zu trennen. Immer wird aus beidem, diffus, die Welt, in der ich lebe. Der Mensch steht auf der Schwelle zwischen Hier und Dort, zwischen Wachen und Schlafen, Tag und Nacht, zwischen Leere und Fülle, Dasein und Abschied – und seine eigentlichen Lebensräume sind die Dämmerung, das Hell- oder Dunkel*werden*, das Dösen im Halbschlaf, das Zwielicht der Verführung, der langsame Weg der Erkenntnis. »Wolfslicht«, *lykophōs*, nennt Platon diesen Dämmerzustand, der gefährlich auf der Kippe steht.

Wird Licht zu grell, sind wir geblendet. Wird es finster, werden wir blind. So bedarf es optischer Blenden, wenn ich erkennen will, und das bedeutet Erleuchtung und Vergrößerung ebenso wie Verdunklung und Vereinfachung. Ich kann nicht ungeschützt in die Sonne sehen, aber Bilder vom Sonnenlicht wie in den flirrenden Pinselstrichen Turners, Farbstrukturen wie ein dichter Mückentanz im Sommer, eröffnen den Raum des Unsichtbaren im Sichtbaren. Ich kann mich in der Nacht nicht orientieren, aber Traumbilder tragen Sinn aus dem Dunkel ins Wachsein, und Künstler wie Hieronymus Bosch haben sie gemalt: aufgebrochene Eier, aus denen Monster wimmeln, symbolisch verwachsene Mißgestalten, Urzeugungen aus dem Schlamm und phantastische Gärten um einen Lebensbrunnen. Abgebildet kann faßlich werden, was die Grenzen unserer Wahrnehmung berührt.

Kunst bildet, so verstanden, Sehhilfen – sie bringen das Unerkennbare auf das Maß der Bewohner von Höhlen im Halbdunkel. Es *wird* hell oder dunkel, und so ist der Mensch stets unterwegs, von hier nach dort, von einer Überraschung zur nächsten, langsam, langsam zwischen Täuschungen und Halbwahrheiten und Entdeckungen streunt er aus. Er ist ein Dämmerungsbewohner, ein Wesen im Werden. Seine erlangten Wissensbestände sind folgsame Komplizen der verborgenen Geheimnisse, die wachsen, je mehr man davon weiß. Transzendenz, im Sinne des Hinübergehens von hier ins Fremde, ist darum eine Grundgegebenheit menschlichen Daseins.

Atem

Gedichte, Spuren der *numina* und Engel in diesem Sinn, unterwandern die Muster digitaler Kommunikation durch ihre unbestimmte Bewegungsform, die niemals dies oder das ist, vielmehr im Ja das Nein und im Nein das Ja wahrnimmt. Sie hausen zwischen den distinkten Zeichen, sie durchschwirren verfestigte Formen, Dinge, Sätze oder Datenverknüpfungen, und sie verfangen sich nicht in deren ausgeworfenen Netzen. Sie bewegen sich dabei in einer Strömung mit religiösen Riten und Überlieferungen und Gebeten.

4. Ostwetterlage

Ostwetterlage, Sturm aus dem böhmischen Becken: Der Wind um das Haus ist inhuman. Er pfeift am Schiefer, schürft über die Firstbleche, nagt am Holz, am Selbstwertgefühl, am Urvertrauen. Er will mich nicht, er will gar nichts. Ich bin ihm gleichgültig, wenn ich im Obergeschoß hocke, im völligen Dunkel, in eine Decke gehüllt. Das Haus ist für ihn ein x-beliebiger Widerstand, diese meine steinerne Behausung auf dem Hügel ist ihm nichts anderes als irgendein Felsaufwurf oder Geröll. Sie werden verschliffen. Sie werden ausgeblasen, zerrieben über Jahrhunderte, so verlieren sie allmählich an Prägnanz und Gestalt, werden runder und flacher und sind irgendwann nicht mehr erkennbar.

Im Wind ist Wildnis, doch eine unbestimmte, die nichts sagt, nichts bedeutet, die sich nicht einverleiben läßt in romantische Sprachflocken. Nein: Der Wind ist *claritas, veritas* – in brutaler Sinnlosigkeit. Schneidendes, frostklares Sirren. Es gibt diesen Wind im Grunde nicht für uns, er ist ein Ding-an-sich, ein Atemzug Nichts, formlose Materie, die keine Mutter ist, sondern ein kalter Brocken Ewigkeit. Ob ich lebe oder nicht, schert keinen Ostwind. Er belächelt nicht einmal meine Flüchtigkeit. Wenn ich sterbe – dann fehlt nichts, dann ist etwas mehr Raum da. ›Es ist immer das Gleiche‹, zischt er am Giebel, knirscht, heult: ›Ein *absolutes Ich* ist auch nur Grat, der irgendwann verwittert bricht. Unten im Garten siehst du morgens die schwarzen Schieferschuppen liegen.‹

Das ist der Unterricht des Dunkels, der ausgesperrten Sinnenwelt: Ich bete mit diesem Wind, werde ihm im Schweigen gleich, hülle mich lauschend in sein gleichgültiges Vorhandensein im Verströmen, seine *energeia*. Was ich auch immer sei, jetzt betet mich der Wind und ich bete ihn. Ich bin mit ihm, undenkbar, verbunden wie eine Alge mit einem Pilz in der Flechte. Ich weiß nichts mehr von ihm – bewußtlose Mischung, indem ich für den Augenblick, immer nur für den Augenblick, nichts will, nicht einmal das Windsein.

Und so kehre ich jetzt am Ende noch einmal zurück zu einem atmenden Baum, einer Buche. Sie atmet in fließenden Hexametern im Zwischenreich der Imagination, wo Bäume sprechen können. Oder habe ich ihre Stimme wirklich gehört? Jakob Böhme spricht auch noch einmal dazwischen aus der Ferne:

»Baumsein heißt sich verschränken – mit dem körperlos Hellen
morgens, wenn Nahrung einstrahlt, mit Wasser und Pilzsaft,
Erde und dem Gewimmel nagender Käfer im Hohlstamm.
Alles wird Sinn durch das Holz, wird unwidersprochene Wahrheit:
Weg und Gablung der Äste, Risse darunter. Die Rinde
hüllt ein Erinnern, das ich kaum berühre, so alt ist der Wald
und wandert nordwärts, Meter um Meter in wärmeren Sommern.
Dort im Norden, in grollenden Gletschern schlafen die Toten.«

Atem

»*Dann alles Leben muß sich nach der Gottheit recht gebähren /
wie sich die Gottheit immer gebähret.*«

»Auch mein abgebrochener Hauptast, die heillose Wunde,
dauernde Blutung kommt aus dem Sog der Wahrheit, und in mir
fault es – Gleichnis von anderer Zukunft, als ich sie kenne.
Anfang ist dort, wo ihn niemand findet, und Ende sein Echo.«

»*Dan das ist der Gottheit Recht / daß sich alles Leben
in dem Leibe GOttes auff einerley weise gebähre / obs wol
durch mancherley bildungen geschicht / so hat doch das leben alles
einerley ursprung.*«

»Damals kam der erste Herbststurm schon Anfang September.
Dicht belaubt war ich noch. Die Böen, erbarmungslos, griffen
Äste, verbissen sich tief und höhnten: Keiner ist jemals
wirklich gestorben, unsterblich sind alle, verwandelt, und hetzen
Träume ins Dickicht, Blitze und Hagel, die ruhlosen Seelen
wollen voran! Der härteste Schlag traf die untere Krone.
Vollen Bewußtseins war ich ertaubt, die Stille ein Schrei, und
quälte mich mit abgerissenen Lauten, ein dumpfer
Ton durchströmte den Stamm, und ich sah ihn verdrehen und
splittern.
Schmerz, wo treibt er mich hin? Ich war nur ein Rumpf, der
noch standhielt.«

»Atem ist alles Blühen,
alles Wachen und Wissen,
alle Angst und Vermissen.
Wie Entzündungen glühen

Samen, die massenhaft reifen.
Hörst du den Hauch darin?
Dessen Laut, dessen Sinn
wird die Keime ergreifen.«

Poetikvorlesungen

»*Dieses seind verborgene Worte / und werden alleine in der Sprache der Natur verstanden.*«
(Jakob Böhme, Morgenröthe im Aufgangk)

Literatur

Hans-Jost FREY, *Lesen und Schreiben*, Basel – Weil am Rhein – Wien, Urs Engeler Edition, 1998, S. 47.

Bernhard WALDENFELS, *Hyperphänomene. Modi hyperbolischer Erfahrung*, Suhrkamp Verlag, Berlin, 2012, S. 17 und S. 19ff.

Bernhard WALDENFELS, *Platon. Zwischen Logos und Pathos*, Suhrkamp Verlag, Berlin, 2017, S. 72ff.

Martin LUTHER, *Werke*, Kritische Gesamtausgabe (WA), 42. Band, Hermann Böhlaus Nachfolger, Weimar, 1911, S. 348.

Martin LUTHER, *Werke*, Kritische Gesamtausgabe (WA), 40. Band, Hermann Böhlaus Nachfolger, Weimar, 1911, S. 360.

Martin LUTHER, *Von der Freiheit eines Christenmenschen*, in: Aufbruch der Reformation, Schriften I, herausgegeben von Thomas Kaufmann, Verlag der Weltreligionen, Berlin, 2014, S. 319f. (= WA 7, S. 12ff.)

Sebastian Kleinschmidt

EIN WORT AUS ZWEI WELTEN
Religion und Poesie bei Christian Lehnert

Christian Lehnert ist ein kunstsinniger Theologe, der um die Geistesverwandtschaft von Poesie und Religion weiß. Und er ist ein gottesfürchtiger Dichter, der sie auch praktiziert. Sein Tun als Prediger wie als Lyriker ist Dienst am Wort. Einem Wort aus zwei Welten.

Ist es der Glaube, der beides verbindet? Das kommt darauf an, was Glaube ist. Hören wir den Dichter Lehnert:

Der Glaube

Ein Widerschein / ich habe ihn gefunden
Im Winterfenster / nachts / sonst war da nichts.

Das Sichtbare war Dunst und nur ein Zeichen /
Verschwommenes Gewölk / ein warmer Leib /

Der seinen Atem in die Kälte schreibt /
Und soll / was er besagt / noch nicht erreichen.

Ein schwarzes Glas / ich war darin versunken
Und war der Funke eines fremden Lichts.

Glauben ist hier die Gabe des Anhauchens. Ein geistliches Berühren und Berührt-Werden. Eine Schenkung der Resonanz. Als sagte das Gesehene dem Sehenden: Du glaubst mich, ich glaube dich. So geschieht Durchsichtigkeit, ein wechselseitiges Gestellt-Sein ins Licht. Das Subjekt transzendiert ins Objekt und wird Sein, das Objekt transzendiert ins Subjekt und wird Seele. Irdisches geht über in Unirdisches.

Hier schlägt das Herz aller Religion: daß da ein Widerschein des Unirdischen im Irdischen sei. Schwingungsräume der Transzendenz. Jenseitserleben ist für den religiösen Menschen etwas Grundlegendes. Wo und wann es zum ersten Mal geschieht, ist nicht entscheidend. Das kann in Momenten der Todesangst sein, im Schmerz einer Krankheit oder in einer überfreudigen Liebesnacht. Transzendente Augenblicke können sich überall ereignen, wo außergewöhnliche Intensität im Spiel ist, die Intensität einer jähen Erschütterung.

Bei Christian Lehnert geschah es während der Armeezeit in der DDR. Er hatte den Dienst mit der Waffe verweigert und war als Bausoldat einberufen worden. In seinem Buch »Ins Innere hinaus. Von den Engeln und Mächten« erzählt er davon:

»Einmal war ich eingeschlossen in einer Dunkelzelle. Ich hockte zusammengekauert auf dem feuchten Betonboden irgendwo in dem Kellergeschoß einer Kaserne in Strausberg bei Berlin, und ich fror und das Zeitmaß ging mir verloren, während sich der hetzende, laute Herzschlag nicht zu einem Rhythmus beruhigte, dem ich mich hätte ergeben können. Das Schwarz, je länger es währte, wurde tiefer – und darin begannen Farben und Formen zu tanzen, Flammenringe, wie Reflexe der erinnerten Sonne. Was da in mir expandierte, grell und überwältigend, war haltlos. Der Eindruck war heftig wie ein Kopfschmerz. Halluziniertes Licht, eine panische Offenheit, sie brach in mir auf, tiefste Fremde im Eigenen, verstörend jenseitig und auf eine nie gekannte Art tröstlich, und ich nannte es später in meinem bilderschaffenden, engelsverwandten Herzen auch einmal ›Gott‹«.

Ein religiös Frühreifer war Lehnert nicht. Er ist nicht von Kindesbeinen an mit dem Sakralen in Berührung gekommen.

Ein Wort aus zwei Welten

Weder in der Familie noch in Schule und Gesellschaft wurden ihm Pfade in die Welt des Glaubens gewiesen. Wie man weiß, war die DDR mehr als nur ein säkularer, sie war ein prononciert atheistischer, ein das Wissen gleichsam anhimmelnder Staat. Doch nur genehme Wissenschaften waren erlaubt. Die Kirche war für den jungen Lehnert eine abseits liegende Institution. Es hat auch Vorteile, wenn einem der spirituelle Raum, in dem man später seine Begabung erfahren wird, nicht auf konventionelle Weise in die Kindheit hineinragt. So kann es geschehen, noch als Mensch mit gereiftem Weltverstand primären Zugang zu ihm zu finden. Das erleben sonst nur Konvertiten. Erst ist ihnen die ganze Sache fremd, dann wird sie zum Innersten und Eigenen, zu etwas, das sie deutlicher spüren und besser verstehen als die schon lange damit Vertrauten. Lehnert ist einer, der spät zur Religion kam. Er ist gewissermaßen als Erwachsener in sie eingewandert. Einwanderer sind immer auch Auswanderer. Sie verlassen ihr Herkunftsland, weil ihnen dort etwas fehlt.

Was aber fehlt dem, dessen geistige Existenz ohne Gottesbezug ist? Lehnert würde sagen: Es fehlt ihm der Sinn dafür, daß etwas fehlt. Am Ende ist es ein Fehlen am Wort, dem religiösen Wort, dem reinigenden, heilenden, tröstenden, fragenden, verheißenden, verwandelnden Wort, an einem Wort der Zusage, einem Wort, das seligmacht und nicht aus Menschenmund ist.

Der Glaube an die Macht des Wortes, des religiösen wie des dichterischen, ist eines der großen Themen, die Lehnerts Werk durchziehen. Alles Verweisen auf das Göttliche geschieht dichterisch, soll heißen bildlich, assoziativ, narrativ, in äußerster Diskretion. Denken und Empfinden werden nicht unter Begriffen erstickt. Die Poesie bleibt frei vom Autoritativen. Gott ist in ihr ein unbewohnter Name, »ein reines, leeres Feld«. An einer Stelle heißt es: »Was ich glaube, ist ganz unverstanden«. Im Gedichtband »Windzüge« findet sich der Zweizeiler:

> Der Gott, den es nicht gibt, in mir ein dunkler Riß,
> ist meiner Seele nah, sooft ich ihn vermiß.

Und im Gedichtband »Cherubinischer Staub« lautet ein Vers:

> Das Undeutliche, GOtt, kann dies und jenes sein.
> Wo immer du IHn suchst, schließt ER dich in sich ein.

Solches Sprechen von Gott ist nahe der Mystik. Überall, wo der Sprechende als Suchender spricht, spricht er bereits als Findender. Nehmen wir die schönen Jamben:

> Du bist die Aussicht und du bist das Auge,
> das über Auenland und Sümpfe streift,
> ein Weg, der nicht zu gehen ist: Der Taube
> hört nicht den Wind und folgt den Gräsern, greift
>
> in Wurzelbüschel, und er fühlt sich reich.
> Du bist der andere und bist derselbe.
> Du bist das grüne Blatt und bist das gelbe.
> Du bist, der bleibt, und der, der immer weicht.

Das ist mehr als ein Zwiegespräch der Null-Theologie mit dem ewig abwesenden Gott. In reiner Negativität keimt keine Poesie. Die Verse suchen Anfängliches, Werdendes, Ungesagtes, das aufscheinende Licht. Und sie finden Anklänge, Spuren der Wahrnehmung und der Erinnerung. Liest man diese Strophen, fühlt man sich an Pascal erinnert: »Du würdest mich nicht suchen, wenn du mich nicht schon gefunden hättest.«

In Lehnerts 2017 erschienenem Buch »Der Gott in einer Nuß. Fliegende Blätter von Kult und Gebet« heißt es an einer Stelle: »Der Mensch erfährt sich selbst vor dem Gott in seinem *Fehlen*. Fehlen – ein vergilbtes Verb mit zwei Grundbedeutungen: des Irrens und des Mangels. Jemand fehlt, heißt es in älterem Deutsch – und das kann heißen: Er begeht Fehler, Verfehlungen; diese können sich verketten zu einer fatalen Logik des falschen Lebens. In der Entfremdung, im verfehlten Leben *fehlt* der Mensch dann auch im Sinne einer Abwesenheit – sein Menschsein, sein eigentliches Wesen ist ihm in seiner Existenz entglitten.«

Aus einer solchen Konstellation heraus mag es geschehen, daß wir nach Gott fragen. Denn Gott, sagt Augustinus, ist dem Menschen näher als dieser sich selbst. Aber der Gott, den wir anrufen, ist unsichtbar. Er antwortet nicht. Und so verdoppelt sich das Defizit, nämlich als ein Fehl auf beiden Seiten. Der Gläubige fängt an zu zweifeln, der Ungläubige fühlt sich bestärkt. Ein Heraus aus dem Dilemma findet nur derjenige Glaube, der nicht aufgibt. Es ist der Glaube an den Glauben selbst. Man ist versucht zu denken: Es gibt keinen Glauben ohne den Willen zu glauben.

In Lehnerts Versen steigen die Worte wie geflügelte Wesen die poetische Jakobsleiter hinauf und hinab, eine traumbewegte, geistbelebte Vertikalität. Sie beginnt bei den Steinen und endet bei Gott. Hören wir:

> Als schliefen Steine aus von ihrem Lauschen
> nach unten, in das Echo eines Bebens,
> es fallen, fallen Reiche all, ein Rauschen
> erfüllt den Tunnel, wo die Lichter schweben.

> Mein Gott, so fall ich hier in dieses Zittern
> der Gleise, und du trägst mich, formst mich fort
> von mir und dir, in steter Zugluft wittern
> die Tiere Raum, das ungesagte Wort.

Die Geschwisterlichkeit von Religion und Poesie hat viele Facetten. Maßgebend ist ihrer beider Geburt aus dem Logos spermatikos, dem zeugenden Wort. Theologie und Poetik sind vereint im johanneischen Beginnen: »Im Anfang war das Wort.«

In beiden Sprachen hat »das Wunder des Wortes, das der Sämann und die Saat ist«, wie Hans Urs von Baltharsar sagt, etwas Konsekriertes, Geweihtes, wodurch es profanem Gebrauch entzogen wird. Es hat eine Fassung, die es in die Nähe zu etwas nicht in Worten zu Fassendem stellt. Das macht das Ätherische an ihm aus.

»Göttliches trifft Unteilnehmende nicht«, sagt Hölderlin. Religiöse Empfänglichkeit ist ebenso fragil wie poetische Empfänglichkeit. Wie der poetische Zustand eine Art Selbstentflammung des poetischen Bewußtseins, so ist der religiöse Zustand eine Art Selbstentflammung des religiösen Bewußtseins. Die Flamme kann groß, die Flamme kann klein sein. Was aber, wenn sie erlischt? Es gibt kein ewig brennendes Feuer.

Deshalb Lehnerts Interesse am Ritus, am liturgischen Sprechen, am Beten, Singen, Deklamieren und Meditieren. Es fungiert nicht nur als Vollzug der Entflammung, sondern auch als ihr Statthalter, als etwas, das die fehlende Gegenwart des Eigentlichen substituieren kann. Außerrituelle sakramentale Präsenz ist unstet und flüchtig, poetische Präsenz ist es auch. Die eine widerfährt uns als unirdisch, die andere als irdisch. Epiphanien sind sie beide. Doch Epiphanien sind selten. Den Alltag des geistigen Lebens regieren Prosa und Profanum, auch den Werkalltag der Kunst. Nur die sinnende, singende Sprache hält Wache am großen Tor. Damit Poesie und Sakrum nicht unbemerkt passieren. Der Dichter steht im Warten und Erwarten. Er betreut die Geduld. Er verrät den Glauben nicht an das Wissen. Er ist sicher: Schönheit und Güte des Menschen kommen von dem, was er glaubt, nicht von dem, was er weiß.

Mit dem Glauben steht es in unserer Welt anders als mit dem Wissen. Die Sprache des Wissens verschleißt nicht, da der Wandel durch die Unaufhaltsamkeit epistemischer Fortzeugung garantiert ist. Es liegt im Wesen des Wissens, daß es sich kontinuierlich negiert und kontinuierlich erweitert. Die Sprache des Glaubens hingegen kann sehr wohl verschleißen, denn ihr Gehalt ist fixiert in Gottes Wort und stellt sich dem Wandel entgegen.

Von dem Theologen Ernst Troeltsch stammt der Satz: »Die Wissenschaft ist auch in der Religion nicht die Kunst, den Pelz zu waschen ohne ihn naß zu machen, die durch die Einwirkung der Wissenschaft hindurchgegangene Religion wird eine ganz andere werden und muß eine andere werden.« Wir können hinzufügen: Sie ist es längst geworden. Wissenschaft ist ihrer Natur nach atheistisch und logozentrisch, sie ist eine Schwester der Aufklärung, und wo sie die Religion stützen will, kann sie das nicht anders als durch die Ratio tun. Mit der aber läßt sich kein »Credo, quia absurdum est« verteidigen. Rationalisierung heißt Entzauberung. Und Entzauberung heißt Verarmung des überlieferten Stoffes, einschließlich Verarmung der Sprache. Der Eigenlogik des Religiösen wird zwangsläufig entgegengearbeitet. Wissenschaft hilft nicht gegen Glaubensverlust, mit dem Verstand bekommt man hier nichts zurück; im Gegenteil, Verwissenschaftlichung treibt die Selbstsäkularisierung des religiösen Bewußtseins voran.

Nicht viel anders steht es mit der Moral. Elias Canetti sagt, es sei ihr Unglück, daß sie alles besser weiß und darum nichts erfährt. Je stärker die moralischen Implikationen des Bekennens, desto schwächer die Transzendenzverankerung.

Moralisierung des Gottesbezugs führt zum Anthropozentrismus, am Ende zu einem sentimentalen Humanitarismus. Der Weg zum Glaubenskitsch ist nicht mehr weit.

Gegen den Verschleiß des religiösen Vokabulars in Gebet und Gottesdienst gibt es nur ein Mittel: die Spracherneuerung. Es gilt, den abhanden gekommenen Heilssinn der Worte aufzufrischen. Das kann nicht durch Wissenschaft glücken und nicht durch Moral. Das kann nur durch neuerliche sakrale Spurenlese, durch theopoetische Sprachwitterung geschehen. Durch das zeugende Wort gottesfreundlicher Dichter. Um den Satz von Ernst Troeltsch abzuwandeln: Die durch die Einwirkung der Poesie hindurchgegangene Religion wird eine ganz andere werden und muß eine andere werden.

Am Ende einer solcher Erneuerung könnte wieder das große Staunen der Scholastik stehen, nämlich Anselm von Canterburys Ausruf: »Gottes Existenz ist unfaßbar; aber noch unfaßbarer ist Gottes Nichtexistenz.«

Mit Verschleiß der religiösen Sprache sind nicht die Worte der Bibel gemeint, des Buches, von dem Luther sagt, daß es alle Weisen und Klugen zu Narren macht und allein von Narren und Einfältigen verstanden werden kann. Die Heilige Schrift bleibt der unversiegliche Brunnen von Gottes heilsamen Worten. Verschleiß ist im Sekundären, in der Exegese, im Kommentar und in der lauen Predigt. Im Übersetzen in den Zeitgeist, in »die Superstruktur des Rechthabens«, wie Martin Walser einmal sagte. Verschleiß durch Verweltlichung.

Christian Lehnert reagiert auf diese Lage mit einem erweiterten Gottesbegriff, einem ausgeweiteten Gottesbild und Gottesgefühl. Aber nicht im pietistischen Sinne wohlbehüteter Gotteskindschaft. Lehnert hat keine Scheu, Gott im Rauhen, Herben, Kalten und Harten zu bezeugen. Die Parole lautet: Die Gottheit ist in allem. Das ist der Standpunkt der Mystik. Das Schlüsselwort fällt beim Kirchenlehrer Bonaventura: »Contemplari Deum in cunctis creaturis.« Gott in allen Dingen schauen.

Die natur- und dingmystische Ausweitung des Gottesglaubens – ein franziskanischer Zug – ist bei Christian Lehnert mit Händen zu greifen. Ich denke vor allem an die Verse »Aus einem Wörterbuch der natürlichen Erscheinungen« im Gedichtband »Cherubinischer Staub« von 2018. Hier ist der adamitische Akt von Namensgebung und Wesensbestimmung in seiner Urgestalt am Werke. Der Dichter benennt die Gebilde, macht sie erkennbar und wiedererkennbar. Er gibt ihnen das divinatorische Selbstgefühl. Ein jedes Etwas beginnt mit eigener Stimme zu sprechen. So wird das Sein im Ganzen fühlbar. Fühlbar als der große Kreis göttlicher Erscheinungen. Hier ein paar Beispiele:

Ende Oktober 2015, Oehlsengrund, Osterzgebirge

Im Spätherbst, Flammenhang, die Sonne wärmt nicht mehr.
So heißt das Eichenlaub: Die Lider werden schwer.

Januar 2016, Achterwasser, Usedom

Er löst sich lautlos auf, ins Wasser sinkt der Schnee.
So wird der Schlaf genannt: die unerforschte See.

Achtzehnter Juni 2016, vor den Walzenornamenten, Breitenau

Die Ranken an der Wand, das Muster gleicht sich immer.
So heißt die Zukunft tags: das unbegrenzte Zimmer.

Achtzehnter Juni 2016, im Ostwind über den Höhen

Ein Sturm umkreist das Haus, Geräusch von überall.
So heißt die Zukunft nachts: der Hang im freien Fall.

Sebastian Kleinschmidt

Anfang September 2016, im Laternenlicht, Breitenau

Im Husch vorbei – ein Ruf? Ein Sirren oder Wimmern?
So heißt die Fledermaus: verspätetes Erinnern.

Mitte Mai 2016, am Feldrand in Breitenau

Du schaust den Schwalben nach, den Schatten, die verrauschen.
So heißt der erste Vers: Geräusch des eignen Lauschens.

Ein jedes Phänomen der Welt, jeder Stein, jedes Tier und jede Pflanze, jeder Gedanke, jede Empfindung und jede Gestimmtheit kann Träger des Numinosen sein. Welt und Geist sind Gottes Schöpfung. Alles Geschöpfliche hat teil an der Offenbarung. Das johanneische Prinzip gilt nicht nur für die Genesis, auch für die Offenbarung.

Wo religiöse Sprache verschleißt, nimmt die Sichtbarkeit der Offenbarung ab. Wo religiöse Sprache sich erneuert, nimmt die Sichtbarkeit der Offenbarung zu. Vom schlesischen Dichter des vorsäkularen Barock Martin Opitz stammt der Satz: »Die Poeterey ist anfangs nichts anderes gewesen als eine verborgene Theologie.« Vom sächsischen Dichter der nachsäkularen Moderne Christian Lehnert könnte die Ergänzung kommen: Poesie wird letztlich nichts anderes sein als geoffenbarte Theologie.

Nur daß wir bei alldem nicht vergessen dürfen, daß eine Divergenz besteht zwischen Poesie und Religion. Denn in theologicis, wo es – mit Matthias Claudius gesprochen – nicht genug ist, daß der Regenbogen in der Luft mit schönen Farben spiele, sondern wo er auch auf die Erde muß niedergebeugt werden ohne seine Farben zu verlieren, hier gilt es nicht wie in aesteticis, nämlich daß die Kunst nicht verlangt, ihre Werke als Wirklichkeit anzuerkennen. Die Religion verlangt es.

Poetikdozentur Literatur und Religion

Jan-Heiner Tück / Tobias Mayer (Hg.)
Nah – und schwer zu fassen
Im Zwischenraum von Literatur und Religion
(Poetikdozentur Literatur und Religion 1)
2017, 200 Seiten
ISBN 978-3-451-37886-7

Jan-Heiner Tück (Hg.)
»Der große Niemand«
Religiöse Motive im literarischen Werk von Thomas Hürlimann
(Poetikdozentur Literatur und Religion 2)
2018, 288 Seiten
ISBN 978-3-451-38183-6

Jan-Heiner Tück (Hg.)
»Feuerschlag des Himmels«
Gespräche im Zwischenraum von
Literatur und Religion
(Poetikdozentur Literatur und Religion 3)
2018, 200 Seiten
ISBN 978-3-451-38184-3

Jan-Heiner Tück / Tobias Mayer (Hg.)
Die Kunst umspielt das Geheimnis
Literarische Annäherungen
(Poetikdozentur Literatur und Religion 4)
2018, 144 Seiten
ISBN 978-3-451-38354-0

Jan-Heiner Tück
Gelobt seist du, Niemand

Paul Celans Dichtung – eine theologische Provokation
(Poetikdozentur Literatur und Religion 5)

3. Auflage 2023, 360 Seiten
ISBN Print 978-3-451-39660-1
ISBN E-Book (PDF) 978-3-451-82968-0

Jan-Heiner Tück und Tobias Mayer
Das vermisste Antlitz

Suchbewegungen zwischen Poetik und Religion
(Poetikdozentur Literatur und Religion 6)

2022, 160 Seiten
ISBN Print 978-3-451-39375-4
ISBN E-Book (PDF) 978-3-451-82812-6

In jeder Buchhandlung
HERDER